arte
AÑO A AÑO

DK DELHI

Edición de arte sénior Vikas Chauhan
Edición del proyecto Neha Ruth Samuel
Edición de arte del proyecto Sanjay Chauhan, Heena Sharma
Equipo editorial Shatarupa Chaudhuri, Upamanyu Das, Janashree Singha
Edición de arte Sifat Fatima
Documentación iconográfica Aditya Katyal
Dirección de documentación iconográfica Taiyaba Khatoon
Edición ejecutiva Kingshuk Ghoshal
Edición ejecutiva de arte Govind Mittal
Diseño de maquetación Ashok Kumar, Rakesh Kumar
Edición de producción Anita Yadav
Dirección de preproducción Balwant Singh
Dirección de producción Pankaj Sharma
Diseño de cubierta Juhi Sheth
Coordinación de cubiertas sénior Priyanka Sharma Saddi

DK LONDRES

Edición sénior Pauline Savage
Edición de arte sénior Sheila Collins
Edición ejecutiva Francesca Baines
Edición ejecutiva de arte Philip Letsu
Control de producción sénior Sian Cheung
Dirección de desarrollo de diseño de cubierta Sophia MTT
Dirección editorial Andrew Macintyre
Subdirección de publicaciones Liz Wheeler
Dirección de arte Karen Self
Dirección de publicaciones Jonathan Metcalf

De la edición en español:
Coordinación editorial Cristina Sánchez Bustamante
Asistencia editorial y producción Eduard Sepúlveda

Servicios editoriales Tinta Simpàtica
Traducción Eva Jiménez Julià

Publicado originalmente en Gran Bretaña en 2022
por Dorling Kindersley Limited
DK, One Embassy Gardens, 8 Viaduct Gardens,
Londres, SW11 7BW
Parte de Penguin Random House

www.dkespañol.com

MIXTO
Papel | Apoyando la
selvicultura responsable
FSC™ C018179

Este libro se ha impreso con papel
certificado por el Forest Stewardship
Council™ como parte del compromiso
de DK por un futuro sostenible.
Para más información, visita
www.dk.com/uk/information/sustainability

arte
AÑO A AÑO

Escrito por
Alice Bowden, Peter Chrisp, Kate Devine,
Edward Dickenson, Bethan Durie,
Dra. Cynthia Fischer y Justine Willis

Con el asesoramiento de la
Dra. Cynthia Fischer

Contenidos

c. 70 000 a. C.-500 d. C.

500-1400

1400-1600

Viajar a través del tiempo

El arte más antiguo que trata este libro fue creado hace mucho tiempo. Algunas veces, aparecen las siglas a. C. o d. C. tras la fecha. Son la abreviatura de antes de Cristo y después de Cristo. Cuando no se conoce la fecha exacta de un acontecimiento, se utiliza «*c.*», abreviatura de la palabra latina *circa*, que significa «hacia», e indica que la fecha es aproximada.

70 000 a. C.-500 d. C.

Desde los tiempos más remotos, la humanidad se ha expresado a través de imágenes sencillas en las rocas y dibujos en las paredes de las cuevas. Los primeros humanos crearon colores con tierra o con carbón, y los utilizaron para pintar vívidos dibujos de los animales que cazaban. A partir de *c.* 10 000 a. C., las personas se asentaron en pequeñas comunidades y comenzaron a elaborar vasijas y cuencos. En *c.* 3000 a. C., el surgimiento de las primeras grandes civilizaciones trajo consigo la aparición de detalladas pinturas murales y esculturas, y de objetos bellamente elaborados, realizados para decorar palacios, templos y tumbas. Estas piezas ofrecen una visión fascinante de las costumbres, las creencias religiosas y las habilidades artísticas de quienes vivieron hace miles de años.

c. 70 000 a. C.

Primer dibujo

El dibujo conocido más antiguo del mundo, grabado en una piedra de ocre, se halló en la cueva de Blombos, Sudáfrica. El arte más primitivo era solo decorativo y no mostraba ni objetos ni criaturas.

c. 43 000 a. C.

Animales salvajes

Esta pintura de un jabalí, en una cueva de Indonesia, es la primera imagen conocida del mundo real. Los pueblos primitivos sobrevivieron cazando animales salvajes para alimentarse, por lo que era el tema más común de las primeras pinturas rupestres.

Pintura rupestre de un jabalí a tamaño natural, Indonesia

Cenefa grabada

Piedra grabada, Sudáfrica

Las orejas del león están en alerta.

SILUETAS DE MANOS

La forma más extendida de arte rupestre son las siluetas de manos. Quizá fueron una especie de firma, una forma en que las personas dejaban su marca personal en el lugar. Se hacían presionando una mano sobre la pared de la cueva y soplando pigmento sobre ella y a su alrededor a través de un hueso o un junco huecos.

Cueva de las manos

La Cueva de las Manos de Argentina contiene siluetas de manos realizadas a lo largo de miles de años. Hasta el mínimo espacio está cubierto de ellas.

c. 38 000 a. C.

Hombre león

Encontrada en una cueva de Hohlenstein-Stadel, al sur de Alemania, esta estatuilla tiene cuerpo de hombre, y cabeza y hombros de león. Esta primera obra en mostrar un ser creado por la imaginación humana en lugar de una representación del mundo real, está hecha de colmillo de mamut. Se tardaron más de 400 horas en tallarla utilizando solo sencillas herramientas de piedra para dar forma al duro marfil.

El hombre león de Hohlenstein-Stadel, Alemania

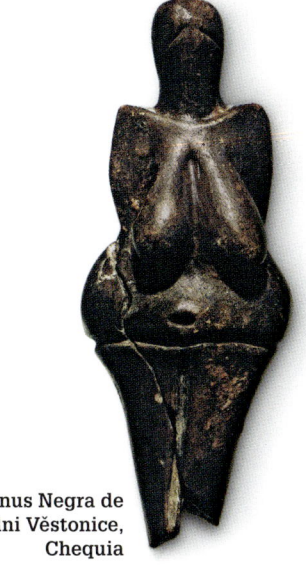

Venus Negra de
Dolni Věstonice,
Chequia

La Venus Negra de Dolní Věstonice tiene la huella dactilar de un niño que la sostuvo hace miles de años.

c. 14 000-12 000 a. C.

Armas decoradas

Los cazadores de la Edad de Hielo convertían en arte los objetos cotidianos. Este propulsor de lanzas, un dispositivo para que las lanzas volaran más rápido, fue encontrado en Francia. Hecho de cuerno de reno, fue hábilmente tallado para parecerse a un mamut.

Propulsor
de lanzas de
la Edad de
Hielo, Francia

A la caza

La cueva de Chauvet, en Francia, es conocida por sus pinturas de animales. Las imágenes fueron realizadas por muchos artistas en distintas épocas. Al estar superpuestos, estos leones parecen estar a punto de lanzarse sobre su presa.

c. 27 000-23 000 a. C.

Venus, Edad de Hielo

Los habitantes de la Edad de Hielo estaban siempre en movimiento y, por tanto, hacían piezas de arte fáciles de llevar. Las estatuillas femeninas de la época, encontradas por toda Europa, se conocen como Venus. Esta, de Chequia, se moldeó mezclando arcilla y huesos molidos, y se coció en el fuego.

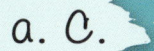

10 000 a. C.

Pinturas rupestres de Gwion Gwion, Australia

c. 10 000 a. C.

Pintura rupestre

Los primeros artistas de Australia pintaron personas, animales y seres espirituales en las paredes de roca de sus refugios y solían representar historias sobre la creación del mundo. Estas esbeltas figuras con borlas y tocados, llamadas Gwion Gwion, son de la región de Kimberley, Australia oriental.

Pigmentos naturales

Los artistas prehistóricos elaboraban pigmentos rojos, amarillos y marrones con ocre triturado (hematita). Los mezclaban con agua o saliva, a menudo en una concha, para pintar las paredes con palos, cerbatanas o los dedos.

Arte rupestre prehistórico

El arte rupestre, pinturas sobre las paredes de las cuevas, es la forma de arte más antigua del mundo. En 1940, se descubrió en Lascaux, Francia, una cueva cubierta de pinturas. Aunque la llamaron la Sala de los Toros, las pinturas de esta cueva también representan ciervos, bisontes y caballos, animales que eran cazados regularmente por las personas que realizaron estas pinturas. Para representar estas criaturas tras la caza, solo se basaban en la memoria. Desde 1940 se han encontrado muchas otras cuevas decoradas con pinturas de animales prehistóricos. No se sabe por qué se hicieron dentro de cuevas oscuras, pero es probable que fueran vistos como lugares especiales.

Sala de los Toros, cueva de Lascaux

La cueva de Lascaux fue **descubierta por cuatro niños** que seguían a su perro Robot, cuando entró en la madriguera de un zorro.

10 000 ▶ 3000 a. C.

c. 7300 a. C.

Arte mural antiguo
En la primera ciudad conocida del mundo, Çatalhöyük, actual
Turquía, se hallaron pinturas murales. Esta representa una
multitud que rodea un enorme toro. Como no llevan armas,
podrían ser personas bailando o jugando.

*Los toros eran sagrados
para los agricultores de
Çatalhöyük.*

**Pintura mural
de un toro entre
personas**

10 000 a. C.

c. 9000 a. C.

A tamaño natural
Esta es la escultura antropomorfa
a tamaño natural más antigua del
mundo y procede de Urfa, actual
Turquía. Hecha de arenisca, tiene
marcadas cuencas oculares
insertadas con obsidiana (roca
volcánica cristalina de color
negro) y una nariz bien tallada.
Los habitantes de Urfa empezaron
a hacer estas grandes esculturas
tras haberse establecido como
comunidad agrícola.

**Figuras humanas
de 'Ain Ghazal**

*Cuerpos tallados
de forma tosca.*

*Manos y dedos
tallados*

**Hombre de Urfa,
conocido como
Gigante de
Balıklıgöl**

c. 6500 a. C.

Recreación de los antepasados
Los habitantes de 'Ain Ghazal, actual Jordania, elaboraban
estatuas antropomorfas de tamaño medio con manojos de
juncos recubiertos de yeso blanco. Podrían representar a sus
antepasados. Los rostros se modelaron con detalle y la falta
de extremidades sugiere que estaban vestidas.

Placa de oro laminado con un toro

Los agujeros servían para coser las placas a la ropa.

c. 4500 a. C.

Tesoro de Varna

En Varna, actual Bulgaria, se enterró a personas pudientes con un tesoro de oro. Entre los numerosos pendientes, brazaletes y máscaras se encuentran placas en forma de toro. Para realizarlas, se martilleaba el oro por detrás para crear decoraciones en relieve.

4000-3000 a. C.

Habilidad en el tallado

Esta escultura de un devoto se talló en la primera ciudad del mundo, Uruk, actual Irak. Un escultor que posiblemente trabajaba en el templo de la ciudad la talló en alabastro. La religión era una parte importante de la vida en Uruk, por lo que las figuras de dioses y devotos eran habituales.

El brazo, tallado con habilidad, muestra los músculos.

Estatua de alabastro

6000 a. C.

3000 a. C.

TALLAS DE JADE

El jade es una piedra preciosa que suele ser verde, pero también lo hay de otros colores, como blanco o amarillo. Es apreciado por su brillo cuando se pule y ha sido utilizado por muchas culturas para elaborar piezas de joyería. Las tallas de jade más antiguas datan de entre 4000 y 3000 a. C., y fueron realizadas por el pueblo hongshan del noreste de China, que tallaba amuletos como ofrendas funerarias. En la cultura china, el jade llegó a representar la inmortalidad, posiblemente debido a su dureza y a su gran durabilidad.

El pájaro tiene pico afilado.

Amuleto en forma de búho

De la cultura hongshan, este amuleto de jade verde tiene forma de ave, posiblemente un búho, con grandes ojos y garras. Ha sido esquematizado para ser más llamativo.

Cerámica Jomon

En Japón, los cazadores-recolectores elaboraron los primeros vasos de arcilla en c. 14 500 a. C., y los decoraron para que parecieran cestas tejidas. Estas vasijas se conocen como ollas Jomon, que significa cenefa de cuerdas. Eran tanto artísticas como prácticas.

El cordón en relieve se realizó pegando pedazos de arcilla enrollados.

Cerámica Jomon

3000 ▸ 1550 a. C.

c. 2800-2700 a. C.

Arpista de las Cícladas

En las islas Cícladas griegas, los escultores tallaban pequeñas estatuillas de mármol de hombres y mujeres con rostros esquematizados, a menudo planos. Esta figura masculina sentada representa un músico tocando el arpa con el pulgar. Las esculturas de las Cícladas, que parecen blancas, estaban originalmente pintadas, aunque apenas quedan rastros de colores.

La cabeza ligeramente levantada del músico sugiere que canta.

Rastros de pintura

Estatua de mármol de un arpista

Cabeza de cobre de un gobernante acadio

c. 2300 a. C.

Cabeza regia

Una cabeza de cobre es todo lo que queda de una estatua, a tamaño natural, de un rey de Acadia, Mesopotamia, actual Irak. Habría tenido joyas incrustadas en los ojos, que fueron robadas por los enemigos del rey. El cabello trenzado y la diadema son muestra de su elevado estatus.

Estandarte de Ur

Personas en un banquete.

Esta figura mide 11 cm de altura.

Bailarina

c. 2500 a. C.

Bailarina de bronce

Esta figura de una mujer de Mohenjo Daro, actual Pakistán, es un ejemplo temprano de una escultura de bronce. Lleva brazaletes y otras joyas y sus piernas dobladas sugieren que se trata de una mujer bailando.

c. 2500 a. C.

Mosaico mesopotámico

Hallada en una tumba real en Ur, Mesopotamia, actual Irak, esta caja está decorada con mosaicos de caparazones, lapislázuli y coralina. Este lado muestra una procesión de animales y un festín real en la zona superior.

c. 3000-30 a. C.   ARTE EGIPCIO

Algunos hogares del antiguo Egipto estaban llenos de objetos decorativos que también se colocaban en las tumbas, donde cumplían otro propósito: ayudar al difunto en el más allá. Las tumbas contienen pinturas de muertos llevando una vida feliz. Las momias eran enterradas con tesoros, que los egipcios creían poder llevarse a la otra vida. Este arte bellamente realizado ofrece una idea de las creencias de esta civilización.

Los jeroglíficos son palabras en forma de dibujos.

La esposa de Nebamun, Hatshepsut, le observa de cerca.

De caza en el más allá

Al representar el cuerpo humano, los egipcios pintaban la parte superior de frente y el resto se mostraba de lado. En esta pintura procedente de una tumba, un escriba llamado Nebamun caza aves en las marismas del río Nilo con su familia.

Vida después de la muerte

Mucho de lo que sabemos sobre el antiguo Egipto procede de los detallados modelos, en madera pintada, de escenas de la vida cotidiana de las tumbas. Se creía que los barcos, como este del Nilo, transportaban a los muertos al más allá.

Máscara funeraria dorada

El faraón Tutankamón, que murió de adolescente, fue enterrado con una máscara de oro macizo. Con un peso superior a los 10 kg, tenía incrustaciones de vidrios de colores y piedras semipreciosas. Le serviría de un nuevo rostro perfecto en la otra vida.

Pez de vidrio

Este pez decorativo, que se encontró en una casa, es en realidad un frasco de vidrio para ungüentos o cosméticos. Se elaboró envolviendo varillas candentes de vidrio coloreado alrededor de un modelo de barro de un pez. Luego se pasó una aguja por su superficie para recrear las escamas.

Un vigía situado en la proa de la barca explora los peligros del río.

Arte y animales

Los animales han aparecido en obras de arte desde tiempos remotos. Animales de labor, como camellos, elefantes o caballos, se han representado en muchas culturas, lo que muestra su valioso papel en la vida cotidiana. Algunos artistas captan la imagen del animal con precisión y otros, más imaginativos, los convierten en criaturas fantásticas o divertidas. En la actualidad ha surgido un nuevo tema: la fauna amenazada.

Paraíso salvaje, *c.* 200 a. C.

Un mosaico romano de Pompeya, Italia, representa los animales y las plantas autóctonas del río Nilo en Egipto, e incluye palmeras datileras, un hipopótamo gruñendo, un cocodrilo amenazante y dos ibis sagrados. Para crear las texturas, los colores y los dibujos de las plumas, el pelaje y las escamas de los animales, se ensamblaron diminutas piezas de piedra o teselas con gran precisión. El artista incluso consiguió plasmar sus caracteres.

El jinete es más grande que su caballo, lo que sugiere su importancia. Estas esculturas solían tener una altura de unos 70 cm.

Tocado ornamental

La cabeza del camello se compone de caras de personas y animales.

Jinete de terracota *c.* 1200-1500

Los reinos medievales de África occidental tenían caballería, como reflejan las esculturas ecuestres de terracota encontradas en la región de Mopti, actual Malí. Esta fue realizada en estilo djenné, llamado así por una antigua ciudad de Mopti. El elaborado tocado que llevan el caballo y su jinete, y los cuerpos y piernas en forma de tubo son típicos de este estilo. Para la población de la zona, los caballos pudieron representar riqueza y poder.

Patas cilíndricas

Animal de muchas caras, *c.* 1500

De cerca, esta pintura de Persia, actual Irán, muestra que el camello se compone de multitud de imágenes superpuestas, desde conejos hasta demonios. Este estilo fue popular en el siglo xvi y pudo representar una creencia del sufismo, una rama del Islam, según la cual todas las criaturas existen juntas en Dios.

Elefante principesco
c. 1500-1600

Khem Karan, un conocido artista de la época mogol de la India, pintó esta miniatura en ricos colores. Los elefantes eran valiosos para la corte imperial india de la época, y, a menudo, a los artistas cortesanos se les pedían retratos de los animales favoritos. Los anillos de oro y las campanas del elefante sugieren el elevado estatus de su dueño.

Su superficie lisa hace que sea fácil sostenerlo.

Conejo curioso, c. 1800

Un *netsuke* es un botón tradicional japonés, de unos 3-8 cm, que se utilizaba para colgar una bolsa de la faja con un cordón. Muchos de ellos están tallados para que parezcan animales. Ligero y redondo, este conejo de marfil es ideal para este uso.

Depredador marino reciclado, 2016

Desde las brillantes algas hasta los afilados dientes del tiburón, esta escultura se creó con residuos de plástico recogidos en el mar o la playa, y es parte del proyecto de una comunidad de Estados Unidos. Ensalza la vida marina, alerta de los problemas del plástico en los océanos y fomenta la conservación de la fauna marina.

¡Sorprendido!, 1891

¿Este tigre es sorprendido o está sorprendiendo a su presa? Quién sabe. En *¡Sorprendido!*, el pintor francés autodidacta Henri Rousseau utilizó formas marcadas, colores intensos y pinceladas diagonales para evocar una selva tormentosa en estilo naíf (sencillo e informal), sin haber salido nunca de su país natal ni haber visto por tanto una selva real.

1550 ▶ 500 a. C.

c. 1450-1400 a. C.

Fresco colorido

Los minoicos fueron una civilización de Creta. Los toros aparecen en gran parte de su arte y posiblemente se considerasen sagrados. Esta pintura mural del palacio de Cnosos, Creta, muestra a jóvenes saltando sobre un enorme toro, quizá en un ritual.

FRESCOS MINOICOS

Las pinturas minoicas se realizaban mientras el yeso de la pared estaba todavía húmedo, un método que más tarde se llamó «fresco». El yeso absorbía los colores y evitaba que las pinturas desapareciesen. De las pinturas minoicas solo han sobrevivido algunos fragmentos de yeso pintado.

Fresco del salto del toro

El fondo azul es en su mayoría moderno.

Piezas de puzle

En 1901-1902, el artista suizo Émile Victor Guilliéron reconstruyó el fresco del toro utilizando fragmentos de yeso encontrados en el suelo del palacio de Cnosos. El proceso fue como armar un rompecabezas en el que faltan una gran cantidad de piezas.

1550 a. C.   1000 a. C.

La reina lleva una corona plana con una cinta ornamental.

c. 1340 a. C.

Modelo de una reina

Este antiguo busto egipcio de piedra caliza pintada de la reina Nefertiti es una de las esculturas más famosas del mundo. Fue modelado por Tutmosis, principal escultor del faraón Akenatón y lo hizo como modelo para que otros escultores reprodujeran estatuas de la hermosa reina.

Busto de Nefertiti

c. 1600-1046 a. C.

Máscara de bronce

La cultura sanxingdui de la dinastía Shang, China, erigió esculturas monumentales de bronce, algunas de ellas de hasta 4 m de altura. Los rostros de las esculturas humanas acostumbraban a tener rasgos exagerados, como este ejemplar de orejas en abanico, nariz en punta y ojos saltones.

Esta capa de color verde se produce cuando el bronce se expone a la intemperie.

Máscara de bronce sanxingdui

Cabeza colosal olmeca

La parte superior puede ser un casco para jugar a pelota o para la batalla.

Friso de los Inmortales

c. 900 a. C.

Cabezas de basalto

Los olmecas vivían en una región que hoy es parte de México. Expertos talladores crearon enormes cabezas de piedra, la más grande de 3,4 m de altura. Elaboradas con basalto, una dura piedra volcánica, son retratos individuales, probablemente de gobernantes.

c. 510 a. C.

Soldados persas

Este colorido friso de cerámica vidriada se encontró entre las ruinas de un palacio de Susa, Irán. Muestra a los «Inmortales», los guardias del rey persa Darío I. Los soldados son idénticos, salvo por los dibujos de las largas túnicas, pintadas a mano.

500 a. C.

c. 900-700 a. C.

Marfil fenicio

Los fenicios vivían en el actual Líbano. Sus artistas se vieron influidos por el arte de las culturas con las que comerciaban, como Egipto y Mesopotamia. Esta talla de marfil representa la mítica Esfinge de Egipto, pero con alas, una característica de las esfinges mesopotámicas.

Tocado a rayas de los faraones egipcios

La esfinge es una criatura mítica con cuerpo de león y cabeza humana.

Esfinge de marfil de un panel ornamental

Detalle que recrea flores de loto

Los fenicios eran expertos vidrieros y exportaban sus artículos por el Mediterráneo.

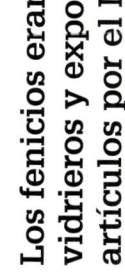

19

Un viaje por el inframundo

Libro de los muertos, *c.* 1275 a. C., artista desconocido

El arte egipcio se basaba en la creencia en el más allá, la vida después de la muerte. Primero, los muertos tenían que viajar a través del peligroso inframundo, donde los dioses decidían si eran dignos de la otra vida. Para ayudarle en su viaje, el difunto era enterrado con una colección de hechizos mágicos llamado *Libro de los muertos*. Este, pintado sobre papiro, pertenecía a un escriba (funcionario) llamado Hunefer. Leído de izquierda a derecha, esta escena muestra una ceremonia llamada Pesado del Corazón.

Anubis, el protector

El dios con cabeza de chacal protege a Hunefer en su viaje. Anubis lleva a Hunefer de la mano junto con unas balanzas donde el dios debe pesar su corazón contra la pluma de la verdad.

Ammut, el devorador

El peso del corazón indica si una persona ha sido deshonesta durante la vida. En tal caso, el corazón sería más pesado que la pluma de la verdad y sería devorado por Ammut, una diosa que era en parte cocodrilo, león e hipopótamo.

Ra, dios del Sol

Hunefer adora a Ra, el dios del Sol y creador de todas las cosas, que lleva un disco solar sobre la cabeza. Ra es uno de los 14 dioses situados en la parte superior del papiro que ayudarán a Hunefer en su viaje.

Isis y Neftis

Detrás de Osiris están sus hermanas: Isis, diosa de la salud (izquierda), y Neftis, protectora de los muertos. Sus nombres aparecen en los jeroglíficos sobre sus cabezas. El signo de Isis es un trono y el de su hermana, una cesta sobre una casa.

Osiris, el rey

La realeza de Osiris se manifiesta a través de su alta corona, el cetro y el mayal en sus manos. Aunque lleva las vendas blancas de los muertos, su piel es verde, el color de la vegetación, que representa la nueva vida. Sentado en su trono, Osiris acoge a Hunefer en el reino de los muertos.

Thot, el escriba

Thot, dios de la sabiduría y la escritura, tiene cabeza de ibis. Registra, en una tablilla de arcilla, que el corazón de Hunefer ha resultado ser honrado y justo. La misma sentencia se recoge en los jeroglíficos del papiro.

Horus, dios del cielo

Hunefer es llevado a la última parte de su viaje por Horus, el dios del cielo con cabeza de halcón. Horus lleva al escriba ante el trono de su padre, Osiris, rey del inframundo, y le informa de que Hunefer es digno de entrar en su reino.

500 ▶ 100 a. C.

Las esculturas suelen tener las cejas arqueadas.

Las teselas para la melena del león son marrón anaranjado.

Las piezas más oscuras son para los músculos.

Mosaico de la caza del león

c. 500-200 a. C.

Figuras de terracota

Las obras de arte africano subsahariano más antiguas son las terracotas Nok. Representan figuras de animales y cabezas humanas, que reciben el nombre del pueblo de Nigeria donde se encontraron por primera vez. Los rostros muestran una gran variedad de peinados y tocados, y la mayoría tienen la boca abierta y los ojos triangulares.

Cabeza de terracota de Nok

Final s. IV a. C.

Mosaico con león

Los griegos dominaban el arte del mosaico. Usaban miles de pequeñas piedras sin cortar de diferentes colores o pequeños azulejos para decorar el suelo. Este mosaico de un león es una obra maestra de esta técnica. Se realizó en Pella, lugar de nacimiento de Alejandro Magno y capital de Macedonia, actual Grecia.

500 a. C.

Pintura de una tumba etrusca

c. 375 a. C.

Dama misteriosa

La Dama de Elche, busto en piedra caliza, fue esculpido por los íberos en dicha ciudad española. Representa una diosa o una mujer. Su alta posición se evidencia por su rica vestimenta, sus joyas y un elaborado tocado con moños laterales. Es complicado descifrar su expresión, y su mirada, difícil de evitar.

Siguiendo la tradición de la cerámica griega pintada, la mujer tiene la piel más clara que el hombre.

Dama de Elche

c. 470 a. C.

Bailarines de una tumba

Los etruscos, del noroeste y centro de Italia, eran grandes artistas y hacían representaciones realistas de su mundo. Aunque este mural de un bailarín y una bailarina decora una tumba, muestra una alegre celebración de la vida.

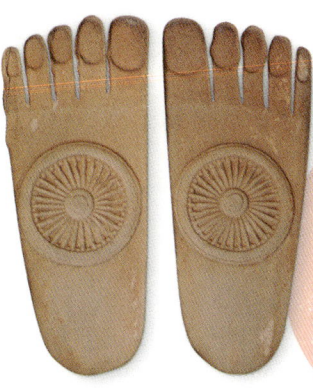

Buda simbólico

El fundador del budismo, Gautama Buda, fue representado por primera vez a través de símbolos en lugar de forma humana. Estos pies de cerámica de la India simbolizan sus huellas y, en el centro, la rueda del dharma, sus enseñanzas.

c. 210 a. C.

Guerrero de Xi'an

Esta escultura de un guerrero pertenece a un ejército de más de 7000 figuras de terracota a tamaño natural. Enterradas con el primer emperador de China para protegerle en la otra vida, cada escultura es única. El uniforme y el peinado muestran el rango de cada guerrero.

Este soldado lleva un moño atado con cintas de tela.

Arquero arrodillado

100 a. C.

La armadura estaba decorada con colores vivos.

Habría sostenido una ballesta con las manos.

c. 500-300 a. C.   ARTE GRIEGO

La Época Clásica (*c.* 500 a.C.-323 a.C.) es el apogeo del arte y la arquitectura griegos. Los escultores y pintores representaban los mitos, y mostraban a dioses y héroes con cuerpos perfectamente proporcionados. Sus cerámicas pintadas, estatuas y otras obras de arte eran admiradas por todo el mundo mediterráneo.

Escena de un mito sobre la diosa Atenea.

Dos guerreros luchan ante Hermes y Atenea.

Cerámica con figuras negras

En las piezas más tempranas, las figuras como las de estos guerreros se pintaban en negro con líneas marcadas en la superficie para destacar los músculos.

Cerámica con figuras rojas

Más tarde, el fondo se pintaba de negro y las figuras se dejaban en el rojo de la arcilla. Los detalles se pintaban con pincel.

Nuevo estilo de tallado

Los griegos eran expertos en el relieve, en que las figuras talladas sobresalen del plano. Este relieve de mármol del famoso escultor Fidias procede del templo del Partenón de Atenas y muestra a los fieles en una procesión.

Superviviente de un naufragio

Esta figura, hallada en los restos de un naufragio, es uno de los raros ejemplos de una estatua griega de bronce. Se cree que representa a Zeus, el mayor de los dioses, o a su hermano Poseidón, dios del mar.

La posición del brazo sugiere que sostenía un rayo, el arma de Zeus.

Estatua de Zeus o Poseidón en bronce fundido

Mosaico de una escena bélica

Mosaico de Alejandro, *c.* 100 a. C., anónimo

Casi 1,5 millones de teselas componen este mosaico de la antigua ciudad romana de Pompeya, en Italia. Es una copia de una pintura griega del siglo III a. C. que se ha perdido. El mosaico representa la victoria de Alejandro Magno de Macedonia sobre el rey Darío III de Persia en la batalla de Issos en 333 a. C. La dramática escena muestra a los dos poderosos líderes mirándose en medio del caos y la confusión del campo de batalla.

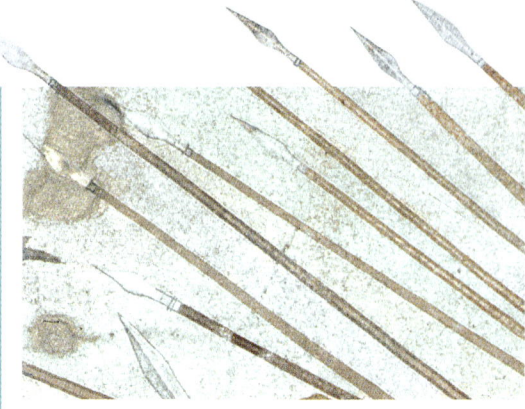

Bosque de picas

Estas largas lanzas, llamadas sarisas, eran utilizadas por la caballería y los soldados de a pie macedonios. Muestran que la escena forma parte de una batalla mayor y dan la sensación de que los persas están acorralados por el avance del ejército griego.

Mirada amenazante de Alejandro

El mosaico representa a Alejandro como una figura heroica, liderando una carga de caballería, con los ojos fijos en Darío. Montado en su caballo Bucéfalo, Alejandro atraviesa a un jinete persa con una lanza sin mirarle.

Triste reflejo

Un soldado persa moribundo, caído bajo un caballo que huye, ve su propio reflejo en un escudo. El artista muestra de forma habilidosa la luz y la sombra en el escudo, así como el sufrimiento en el rostro del soldado.

Darío aterrorizado
El rey persa mira a Alejandro con terror en los ojos y el brazo derecho extendido en un gesto de impotencia. Aunque tiene un arco en la mano izquierda, ni siquiera intenta usarlo mientras huye del campo de batalla.

Intento de escapar
Desesperado por escapar de la batalla y salvar a su rey de la llegada de Alejandro, el auriga persa azota furiosamente los caballos. Como todos los soldados persas de la escena, lleva una capucha de color marrón claro.

Caballos en pánico
En pleno caos, los caballos del carro entran en pánico, tiran en diferentes direcciones, con las cabezas en todos los sentidos. Tienen los ojos desorbitados y la boca abierta mostrando los dientes.

100 a.C. ▶ 300 d. C.

c. 100-1 a.C.

Copa ornamentada

Un ritón es un lujoso recipiente en forma de cuerno que los pueblos antiguos utilizaban para servir o beber vino. Este, de plata dorada, fue elaborado por los partos, del actual Irán. En un extremo vemos la cara de un león cuyos ojos tienen engastada una piedra preciosa roja llamada granate.

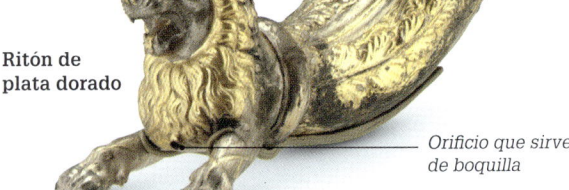

Ritón de plata dorado

Orificio que sirve de boquilla

Las joyas de oro de la mujer muestran su riqueza.

c. 1-300 d.C.

Retratos de los difuntos

Durante la dominación romana de Egipto, se pintaban retratos de los muertos para decorar los sarcófagos. A diferencia de los de las momias egipcias, eran representaciones realistas, como la de esta mujer de clase alta.

Retrato de una momia egipcia

---

100 a.C.   50 d.C.

---

27 a.C.-476 d.C.   ARTE ROMANO

Muchos de los artistas que trabajaban en el Imperio romano eran griegos. Los romanos admiraban tanto las obras de arte griegas más famosas que a menudo pedían a los artistas griegos que hicieran réplicas. Los lugares públicos, como los baños, y las casas de los romanos más pudientes estaban llenas de esculturas, pinturas murales y mosaicos. Los romanos también eran maestros vidrieros y usaron nuevos métodos, como el soplado de vidrio.

El mayor camafeo

El *Gran Camafeo de Francia*, realizado en el siglo I d.C., es el mayor camafeo (piedra preciosa de colores con figura tallada en relieve) romano que se conserva. Las cinco capas de sardónice (una piedra multicolor) fueron labradas para que los miembros de la familia imperial romana parecieran dioses griegos.

Este camafeo mide 31 cm de alto y 26,5 cm de ancho.

Emperador divino

El primer emperador romano, Augusto, quería aparecer en sus estatuas como un hombre joven y apuesto, aunque vivió hasta los 75 años. En esta escultura de mármol del siglo I d.C., su mano levantada muestra que se dirige a sus tropas, y los pies descalzos y el Cupido lo vinculan con los dioses.

El giro de la cabeza y el cuello dan movimiento a la escultura.

c. 100 d. C.

Caballo volador

Esta escultura china de bronce, de 34,5 cm de altura, se encontró en una tumba de la dinastía Han, y se cree que representa el caballo celestial de la leyenda china. Mientras el caballo galopa por el aire, uno de sus cascos se posa sobre una golondrina que vuela, y que, sorprendida, mira hacia arriba.

El pico de la golondrina toca el casco del caballo.

c. 100-300 d. C.

Buda de estilo griego

Cuando la influencia del arte griego se extendió por el subcontinente indio, los escultores empezaron a representar a Buda en forma humana, en lugar de mostrarlo solo como símbolo (ver p. 23). Este Buda, de Gandhara, en el actual Pakistán, lleva una túnica drapeada, como las estatuas griegas.

**Caballo volador,
Gansu, China**

**Buda de
Gandhara**

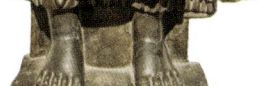
150 d. C.   300 d. C.

Jardín en un jardín

Este fresco de un jardín romano, del siglo I d. C., fue encontrado en la casa de una opulenta familia de Pompeya, Italia. Decoraba la pared de un comedor exterior que daba a un jardín. Representa pájaros y flores con gran detalle.

Vidrio de colores

El vidrio soplado permitía elaborar gran cantidad de recipientes, como este jarrón. La decoración, pintada a mano en el siglo I d. C., representa el mito griego de Europa montando a Zeus (Júpiter) en forma de toro. Las pinceladas poco precisas sugieren que se pintó deprisa.

Boca para verter el líquido

Niños vestidos de Cupido activan la bomba que suministra aire a los tubos del órgano.

Mosaico con mujeres tocando instrumentos musicales

c. 300-600

Cabezas retrato

El pueblo moche del norte de Perú dominaba la alfarería y elaboraba vasijas en forma de representaciones realistas de rostros humanos. Fueron los únicos indígenas americanos en realizar este tipo de objetos. Todas las que se han conservado tienen caras masculinas y probablemente sean gobernantes moche.

▶▶ 300

c. 350-399

Mosaico musical

Este sorprendente mosaico bizantino de Siria muestra a un grupo de seis mujeres ricamente vestidas tocando instrumentos musicales y a dos niños actuando en un teatro. Sus instrumentos incluyen un juego de cuencos y un órgano de tubos. Los maravillosos detalles del mosaico, como las sombras, los nudos de la madera del suelo y las elaboradas decoraciones de los instrumentos demuestran que el artista era muy habilidoso.

Motivos geométricos decoran la banda de la cabeza.

c. 350-399

Representación de Cristo

Tras adoptar los romanos el cristianismo, los artistas comenzaron a producir imágenes de Cristo. Al principio, lo representaban como un emperador romano. Esta pintura mural, de Roma, es una de las primeras muestras de Jesús con barba y pelo largo, un aspecto similar al del dios romano Júpiter.

Cabeza retrato moche

 Las cabezas retrato moches son tan realistas que muestran rostros con arrugas, cicatrices y muecas.

Mural de Cristo barbudo de la catacumba de Commodilla, Italia

320-554 d. C. ARTE GUPTA

La dinastía Gupta gobernó sobre la mayor parte del norte de la India entre 320 y 554 d.C. Bajo su reinado, florecieron y prosperaron las artes. Los Gupta eran hindúes y recuperaron algunas antiguas tradiciones artísticas de su cultura. Crearon un nuevo estilo de templo exento, construido de piedra o ladrillo en lugar de la madera utilizada con anterioridad. En este período, también brilló el arte budista, como se puede ver en santuarios y monasterios budistas en grutas, decorados con algunas de las mejores pinturas que se conservan de la India antigua.

Pinturas budistas en grutas

Este retrato del *bodhisattva* Padmapani, que representa la compasión, es quizá la pintura budista más conocida de los santuarios de las grutas de Ajanta, actual Maharashtra, India. Su mirada hacia abajo muestra su preocupación por los demás, mientras que la corona indica que se trata de una divinidad.

Esculturas hindúes

Las paredes de muchos templos de la era gupta están decoradas con llamativas esculturas de terracota que representan escenas de la mitología hindú. Esta muestra a Krishna, una forma humana del dios hindú Vishnú, derrotando y matando a un demonio-caballo llamado Keshi.

400

500

Coloso de Barletta

Diadema con joyas

La esfera muestra su deseo de dominar el mundo.

c. 460-495

Budas tallados en la roca

Cuando el budismo se extendió de la India a China, muchos artistas chinos se inspiraron en los estilos indios, por ejemplo, copiando la tradición gupta de tallar santuarios en grutas y grandes budas en la roca. Esta estatua de Buda de 14 m forma parte de un complejo de templos de Yungang, China. La influencia gupta también se refleja en la expresión tranquila de Buda y en los ropajes de las figuras.

c. 400-450

Emperador de bronce

Casi del triple del tamaño natural, esta estatua de bronce muestra a un emperador bizantino, no identificado. Su armadura y su postura, con el brazo derecho levantado, se inspiran en las estatuas del emperador romano Augusto (ver p. 26). La escultura fue realizada en Constantinopla, actual Estambul, Turquía, y hoy en día se encuentra en Barletta, Italia. La cruz en la mano derecha fue añadida en 1431, en sustitución de una lanza perdida.

Buda con un asistente en Yungang, noreste de China

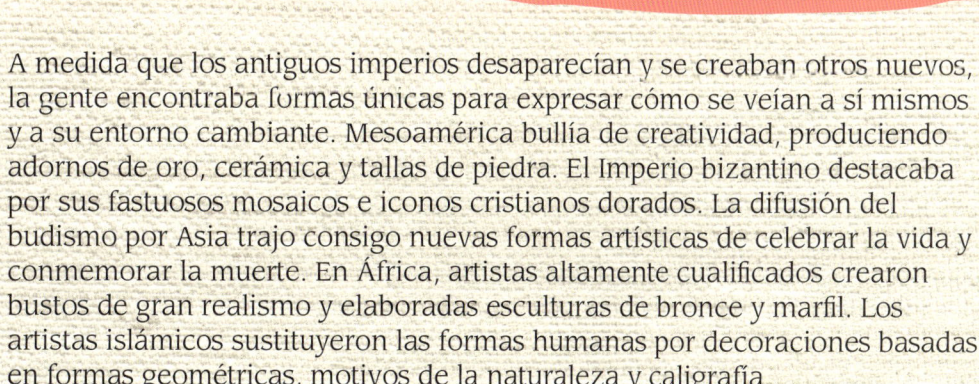

500-1400

A medida que los antiguos imperios desaparecían y se creaban otros nuevos, la gente encontraba formas únicas para expresar cómo se veían a sí mismos y a su entorno cambiante. Mesoamérica bullía de creatividad, produciendo adornos de oro, cerámica y tallas de piedra. El Imperio bizantino destacaba por sus fastuosos mosaicos e iconos cristianos dorados. La difusión del budismo por Asia trajo consigo nuevas formas artísticas de celebrar la vida y conmemorar la muerte. En África, artistas altamente cualificados crearon bustos de gran realismo y elaboradas esculturas de bronce y marfil. Los artistas islámicos sustituyeron las formas humanas por decoraciones basadas en formas geométricas, motivos de la naturaleza y caligrafía.

Bandeja de oro y plata

Mural de la tumba del príncipe Xu Xianxiu

c. 500

Cabezas misteriosas

Entre 1957 y 1966 aparecieron en Mashishing, Sudáfrica, siete cabezas de terracota halladas entre algunos de los restos más antiguos del sur de África. Aunque no son idénticas, tienen características similares. Su uso original sigue siendo un misterio. Esta, en forma de casco, pudo usarse como máscara.

Animal, posiblemente un león, sobre la máscara.

Cabeza Mashishing

Los collares pueden representar prosperidad y belleza.

c. 500

Valiosa bandeja

Durante la dinastía sasánida de Persia, los artesanos elaboraban bandejas de plata con relieves, que se entregaban como regalos reales, principalmente a gobernantes de otros reinos. En esta bandeja dorada se representa a un rey sasánida cazando carneros, un deporte que demostraba su habilidad y su fuerza.

c. 571

Dentro de una tumba

Murales de gran tamaño adornan la tumba del príncipe Xu Xianxiu de la dinastía Qi, al norte de China. Considerados una de las mejores obras del arte de la época, muestran la grandeza de la dinastía. Uno de ellos representa a Xu y su esposa en una fiesta, rodeados de músicos. Las flores de loto sobre ellos indican que Xu era budista.

500

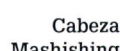

550

La emperatriz Teodora lleva una corona con perlas incrustadas.

Un dosel imperial cubre el grupo.

c. 527-547

Mosaicos célebres

La iglesia de San Vitale de Rávena, Italia, alberga algunos de los mosaicos bizantinos más sorprendentes y llamativos. Entre ellos se encuentra el de Teodora, emperatriz bizantina del Imperio romano de Oriente, y sus asistentes. Las ricas vestimentas y la fuente de la escena indican su alto estatus.

Mosaico de la iglesia de San Vitale

Decoración con caparazones marinos
y plantas para invocar la lluvia.

**Mural de un sacerdote de
la lluvia de Teotihuacán**

*El sacerdote luce un
decorativo penacho.*

c. 500-600

Ceremonia de la lluvia

La antigua ciudad de Teotihuacán, cerca de la actual Ciudad de México, era conocida por su arquitectura y la elaborada decoración de templos y casas. Este fragmento de mural formaba parte de un fresco más grande pintado en las paredes de un palacio. Muestra a un sacerdote de la lluvia realizando una ceremonia que tenía lugar cada 52 años.

600

650

*Guerrero
haniwa*

c. 500-600

Figuras huecas

Durante el período Kofun de Japón, se colocaban esculturas de arcilla huecas, llamadas *haniwa*, en círculos en la parte superior de enormes tumbas en forma de túmulo. Las esculturas tienen distintas formas, como personas y animales, e incluso edificios. Muchas de ellas representaban guerreros portando espadas, arcos y aljabas con flechas.

**Yelmo de
Sutton Hoo**

c. 580-620

Hallazgo anglosajón

Un yelmo ornamentado de hierro y cobre estañado fue uno de los muchos tesoros encontrados en el yacimiento funerario anglosajón de Sutton Hoo, Inglaterra. Está decorado con oro, plata y joyas de lugares tan lejanos como Bizancio y Sri Lanka. Perteneció a un rey anglosajón desconocido.

Tesoros de la tumba

Los objetos decorativos chinos de la época se enterraban con el difunto para su uso en el más allá. Las figuras *sancai* («tres colores») de barro y cerámica, como este camello, eran elementos funerarios muy populares, y demostraban la riqueza de su propietario.

Máscara de demonio para alejar el mal.

Estatuilla esmaltada de color verde, ámbar y blanco.

Figura sancai de un camello

c. 600-999

Tocar el silbato

Esta figura de arcilla de Nopiloa (Veracruz), en el actual México, es en realidad un silbato, quizá para uso en rituales religiosos. Representa a un jugador de pelota. Estos juegos eran una parte importante de la cultura mesoamericana. La figura está decorada con símbolos comúnmente usados en el arte maya de la época, como la cuerda trenzada que rodea el cuello y la muñeca de esta figura, indicando que se trata de un prisionero.

650

Este jugador de pelota lleva en las orejas unos grandes pendientes cilíndricos.

700

c. 707

Mural con instrucciones

Una pintura mural procedente de la antigua catedral de Faras, en el actual Sudán, muestra a santa Ana, madre de María y abuela de Jesús. La santa pone un dedo sobre los labios en señal de silencio. La pintura podría inducir a los feligreses a rezar en silencio.

Un gran cinturón protegía al jugador de la pelota.

Jugador de pelota de Mesoamérica

Fragmento de pintura mural que representa a santa Ana

Los juegos de pelota mesoamericanos no siempre eran partidos amistosos, y a veces había enfrentamientos violentos que podían llegar a ser mortales.

Los sellos rojos son de los distintos dueños del cuadro para alardear de su propiedad.

Blanco que brilla en la noche

c. 750

Bestia exaltada

Los caballos, que representaban la riqueza y el poder, eran un tema muy extendido en el arte chino. En esta pintura a tinta llamada *Blanco que brilla en la noche* de Han Gan, un destacado artista de la dinastía Tang, el animal parece estar exaltado. Los ojos le brillan y tiene las fosas nasales abiertas.

MANUSCRITOS ILUMINADOS

Antes de inventarse la imprenta, los libros se copiaban a mano, trabajo que podía durar años. En Europa y el mundo árabe, los libros más importantes, como los religiosos, estaban ilustrados con hermosos motivos y figuras, a menudo decorados con oro y piedras preciosas.

Cada Evangelio empezaba con una gran mayúscula decorada con volutas y espirales.

Evangelios de Lindisfarne
Escrito en el siglo VIII por monjes de la Inglaterra anglosajona, este manuscrito de delicadas miniaturas contiene los cuatro Evangelios. Además de motivos celtas, se observan influencias germánicas y mediterráneas, reflejando lo lejos que llegaron estas.

750 — 800 ▶▶

c. 770-800

Mezcla cultural

Los antiguos escoceses, llamados pictos por los romanos, grabaron esta losa de piedra en el pueblo escocés de Aberlemno. En esta cara se representa una batalla con símbolos celtas y en la parte posterior aparece una gran cruz. Se desconoce su uso, pero pone de manifiesto la mezcla de culturas celta y cristiana de la época.

Daibutsu en el templo Todai-ji en Nara, Japón

Piedra grabada picta

752

Buda colosal

Tras la adopción del budismo por Japón como religión oficial en el siglo VI, artistas y artesanos realizaron numerosas estatuas de Buda. Esta colosal escultura de bronce es la más grande de su clase en el mundo. Llamada *daibutsu*, que significa «Buda gigante», mide 15 m de altura y pesa casi 500 toneladas.

Rituales mayas

Dintel 24 de Yaxchilán, *c.* 723-726, artista desconocido

Yaxchilán fue una importante ciudad maya en el actual estado de Chiapas, México. Es conocida por sus elaboradas tallas de piedra caliza, como este dintel (parte horizontal superior de una puerta o ventana). Estos relieves presentan detalles de la historia y los rituales religiosos de los mayas, y ofrecen una interesante visión tanto de su arte como de su cultura. Este ejemplo procede de un gran edificio y muestra al gobernante maya Itzamnaaj B'ahlam II y a su esposa, K'ab'al Xook, que está realizando un ritual.

Antorcha ceremonial

El rey sostiene una antorcha encendida, descrita en los glifos como una «lanza ardiente», sobre su esposa. Ello indicaría que el ritual pudo tener lugar de noche o en una estancia oscura.

Joyas reales

La señora Xook era una poderosa figura de la realeza. Aquí lleva elaboradas joyas, que probablemente eran de jade, una piedra verde de gran valor en la sociedad maya. En su pectoral (insignia sobre el pecho) aparece una representación del dios maya del Sol.

Un líder importante

Durante el gobierno de Itzamnaaj B'ahlam II, hubo un gran desarrollo artístico y político en Yaxchilán. El dirigente supervisó la construcción de monumentos y templos. Lleva un tocado con una cabeza reducida en la parte delantera, posiblemente un trofeo de guerra.

Pigmentos descoloridos

Los dinteles estaban pintados originalmente con tintes naturales. Los mayas preferían los tonos azules y verdes. Aunque la pintura se ha desgastado con el tiempo, quedan rastros de pigmentos azules, turquesas y rojos.

Una fecha precisa

Los bordes superior e izquierdo del dintel presentan glifos, signos pictóricos propios de los mayas. Incluyen importantes detalles sobre lo que ocurre en la escena. Estos dos glifos nos indican la fecha exacta del ritual: 24 de octubre de 709 d. C.

Ritual sangriento

La diosa Xook pasa una cuerda con afilada obsidiana (roca volcánica) a través de su lengua, derramando sangre. Este ritual se basa en una historia maya sobre la creación según la cual los dioses vertieron sangre para crear a los humanos.

800 ▶ 900

Talla de madera de la cabeza de un animal

Icono antiguo

Esta imagen, compuesta por 21 azulejos de cerámica pintados, es una representación de san Teodoro Stratelates, un santo que suele representarse como un guerrero. Se encontró en las ruinas del monasterio de Patleina, cerca de Preslav, Bulgaria. Es el icono más antiguo del país.

Icono de san Teodoro Stratelates

c. 820

Tallas vikingas

Esta cabeza de animal de aspecto temible es una de las cinco halladas en un barco vikingo en Oseberg, Noruega. Con una altura de 50 cm, fue tallada en un solo tronco de árbol que tenía una curva natural. Los elaborados detalles sugieren que salió de las manos de un experto. Su propósito sigue siendo un misterio.

Los reyes vikingos y otras personas notables a menudo se enterraban en sus barcos, tal vez para ayudarles a viajar al más allá.

800

850

Relieve de piedra del templo de Borobudur

c. 800

Relieve del templo

El templo de Borobudur en Java, Indonesia, fue construido a lo largo de los siglos VIII y IX. Sus paredes están decoradas con 160 paneles tallados en relieve. Este muestra la ley del *karma*, la creencia de que todas las acciones tienen consecuencias. Las personas de la derecha cocinan tortugas y pescado, alimentos prohibidos para los budistas, por lo que, en el centro del panel, son hervidas en una gran olla.

Joya budista

Borobudur es el mayor templo budista del mundo, con 72 estatuas de Buda, cada una colocada dentro de una estupa. Sus múltiples niveles representan las etapas que deben recorrer los creyentes para alcanzar la iluminación.

c. 800-900
Escultura hindú

El dios Vishnú, una de las tres deidades principales del hinduismo, es el tema de esta escultura de latón y plata del norte de la India. A los lados del dios hay dos figuras que representan sus armas: a la izquierda está Gadadevi sosteniendo su *gada* (maza) y a la derecha, Chakra Purusha con su *chakra* (disco).

Los cuatro brazos de Vishnú representan sus funciones tanto en el mundo físico como espiritual.

Figura del dios Vishnú

DISTINTAS FORMAS DE ARTE

A primera vista, muchos objetos mostrados en este libro pueden no parecer arte. Algunos incluso pueden haber tenido una función meramente práctica. Pero la decoración les da un valor adicional, ya que puede indicar el estatus de una persona, ofrecer detalles sobre sus propietarios, o mostrar la habilidad del autor. Muchos objetos distintos se consideran arte y la decoración adopta formas variadas.

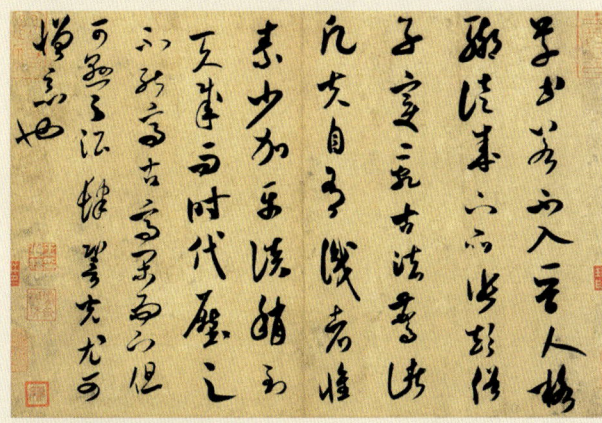

Caligrafía china

Mientras que muchos países occidentales han valorado sobre todo la pintura y la escultura como formas de arte, los artistas chinos llevan mucho tiempo considerando la caligrafía una forma artística mucho más importante. Este manuscrito, un ensayo sobre los estilos de caligrafía, fue escrito por Mi Fu, pintor, calígrafo y poeta de la dinastía Song.

900

c. 871-899
Hecho para un rey

Este objeto en forma de lágrima, cuyo propósito es desconocido, presenta una inscripción que reza: «Alfredo ordenó que me hicieran», lo que indica que perteneció a Alfredo el Grande, rey del reino sajón de Wessex en el suroeste de Inglaterra. Hecho de oro y cristal de roca, fue encontrado en los pantanos donde Alfredo se escondió mientras planeaba un contraataque durante una batalla.

Joya de Alfredo

La inscripción explica la importancia de planificar antes de actuar.

Decoración árabe

Al igual que China, el mundo islámico ha valorado la caligrafía durante siglos. En este cuenco del siglo x, procedente de Irán, las letras cúficas (árabe primitivo) del borde forman una hermosa y equilibrada cenefa.

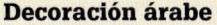

Ornamento igbo

Este pequeño colgante de bronce del siglo ix, en forma de cabeza humana, procede de Igbo-Ukwu, Nigeria. Las cicatrices en las mejillas y la frente se asociaban a los hombres igbo de alto rango, por lo que pudo realizarse para una persona importante.

Sombrero de cuatro picos

Sombreros como este finamente tejido y colorido suelen asociarse a las antiguas culturas wari y tiahuanaco de América del Sur. Los que tienen detalles elaborados, como plantas y animales (como este), estaban reservados a los hombres de alto rango para mostrar su poder.

Página del Corán Azul

Corán excepcional

El pergamino teñido con índigo y decorado con letras de oro hacen del *Corán Azul* uno de los manuscritos islámicos más inusuales de la época medieval. Fue realizado en Túnez, en el norte de África, y pudo inspirarse en los manuscritos dorados y de color púrpura del Imperio bizantino.

900

Cerámica pintada

El pueblo indígena hohokam, conocido hoy como los tohono O'odham, pima y pueblo, floreció en lo que hoy es Arizona, Estados Unidos y en el norte de México. Su cerámica solía ser de arcilla de color marrón claro o beis. Los objetos estaban decorados con pigmentos rojos, como se ve en el dibujo geométrico de este jarrón.

Jarrón hohokam

Guanyin del Mar del Sur

Figura sentada

Esta gran escultura china representa a Guanyin, un *bodhisattva* (persona en el camino hacia la iluminación) que ayuda a la gente en peligro. De casi 2,5 m de altura, fue tallada en un único tronco de árbol, y luego fue pintada y dorada.

El brazo drapeado y la pose relajada transmiten la calma regia de la deidad.

Cuentas de cristal de roca y vidrio atrapan la luz.

Collar del Tesoro
de Preslav

Collar
de Preslav

Este elaborado collar de
principios del siglo x pertenece
al llamado Tesoro de Preslav, una
colección de objetos preciosos
encontrados en un viñedo
búlgaro. Está hecho de oro,
perlas, piedras preciosas y
esmalte de colores.

*Este colgante muestra un ave
acuática, que simboliza la
lealtad y un matrimonio feliz.*

C. S. X

Libro con cubierta
de marfil

Este grabado bizantino de marfil
de la crucifixión procedente de
Constantinopla (actual Turquía)
formaba parte originalmente de un
icono de tres paneles. Más tarde se
incrustó en la cubierta de un libro
de plata dorada adornada con
vidrios, cristales y zafiros.

Cubierta de libro con
incrustación de marfil

950

1000

c. 950

Manuscrito iluminado

El *Beato de El Escorial* es una versión ilustrada
de un libro anterior, *Comentario al Apocalipsis*,
escrito por el monje español Beato de Liébana.
El artista desconocido representa escenas del fin
del mundo en el colorido estilo mozárabe, que
mezcla el arte cristiano e islámico.

*Beato de
El Escorial*

PERGAMINO

Inventado en la antigua Grecia, el
pergamino es un material utilizado
como soporte de escritura. Se
fabrica con la piel de ovejas,
becerros y cabras, que se ha
limpiado, estirado y secado para
formar una superficie lisa y fuerte.
La vitela es un pergamino de
calidad más fina hecha con piel
de becerro.

Manuscritos

Antes de inventarse la imprenta, los
documentos y los libros se escribían a
mano y se conocían como manuscritos.
Copistas muy cualificados reproducían
el texto sobre pergaminos y a veces le
añadían unas hermosas decoraciones
llamadas iluminaciones.

*Piel de animal
estirada sobre
un bastidor
de madera*

Estirar el pergamino

Tras la limpieza, las pieles húmedas de los animales se
estiran y se raspan con un cuchillo para eliminar los restos
de pelo o carne. A continuación, se secan para obtener
una superficie lisa y duradera para la escritura.

Los niños en el arte

Los niños aparecen en el arte de todo el mundo, y aunque sus vestimentas y peinados puedan diferir, su actividad es la misma: jugar, aprender y estar en casa. Algunos cuadros muestran a niños solos, mientras que en otros aparecen con su familia o amigos. Sea cual sea el momento o el lugar, los niños están alegres y se divierten, absortos en el momento, sin preocuparse de quién les observa.

Mascotas, *c.* 450-440 a. C.

Los monumentos de la antigua Grecia muestran a menudo a niños con sus animales de compañía. Esta lápida tallada de Paros, una isla famosa por sus escultores de mármol, representa la tierna relación entre una niña y sus palomas. La escultura destaca también por los notables detalles del pelo y la ropa de la niña.

Retrato de familia, 1555

La artista italiana Sofonisba Anguissola realizó muchos cuadros de su familia. En *La partida de ajedrez*, se ve a tres de sus hermanas jugando al ajedrez, vigiladas por su institutriz. En esa época, era inusual que las niñas jugaran al ajedrez, lo que demuestra que las hermanas eran cultas. Cada una tiene una expresión y una pose diferentes, que revelan su carácter individual.

La hermana mayor mira al espectador mientras hace la jugada ganadora.

El artista capta hábilmente el brillo y la textura de la tela.

Amigos de la escuela, *c.* 1524-1525

Esta página manuscrita, llamada *Laila y Majnún en la escuela*, representa una escena de un poema persa. Realizada hacia el siglo XVI por el artista persa Shaikh Zada, muestra a Laila y Majnún (en el centro, cogidos de la mano), compartiendo un tierno momento, entre sus compañeros de clase que leen, escriben y juegan.

Juego de disfraces, *c.* 1850-1889

En *Niños jugando*, el artista japonés Kawanabe Kyosai ilustra un grupo de niños jugando al *kotori*, en el que un niño se pone una máscara e intenta atrapar a los demás. Los rostros de los niños, dibujados con maestría, muestran pánico y excitación mientras saltan, temiendo ser atrapados.

El niño que atrapa lleva una máscara de duende tradicional japonesa.

¡No caigas!, 1872

La obra del artista estadounidense Winslow Homer *Snap the Whip* muestra a unos escolares que utilizan el trabajo en equipo y la fuerza para tirar unos de otros en direcciones opuestas, tratando de no caerse. Esta pintura, animada y llena de colorido, celebra la vida campestre despreocupada, en una época en la que cada vez más gente emigraba a las ciudades.

Familia feliz, 1973

Adultos y niños bailan juntos en la escultura de bronce *Niños felices,* del artista estadounidense Chaim Gross. Las familias felices eran uno de los temas favoritos de este artista. Gross hace a los adultos mucho más grandes, enfatizando su papel protector, mientras que un círculo alrededor de las figuras simboliza la seguridad que ofrece la familia.

¿Cansada o aburrida? *c.* 1878

En su pintura *Niña en el sillón azul*, la pintora impresionista estadounidense Mary Cassatt representa a una niña tumbada en un cómodo sillón, quizá aburrida o cansada después de jugar. Su pose despatarrada es inusual, ya que los niños de esa época aprendían a sentarse erguidos, y muestra que no es consciente o no se preocupa de que la observen.

Los niños imitan los movimientos de los adultos.

Retrato en el templo

Situado en el interior del templo de Brihadisvara en Thanjavur, este mural es una de las primeras pinturas conocidas de la dinastía Chola del sur de la India. Representa al poderoso rey Rajaraja I (a la derecha) junto a su gurú (maestro espiritual). Llevan el pelo recogido en la parte superior de la cabeza, a semejanza del dios hindú Shiva.

Los artistas utilizaron pigmentos naturales, como el ocre, hecho de arcilla.

Retrato del rey Rajaraja I y su gurú

Dulces sueños

En China, se creía que las almohadas de cerámica traían buena suerte y alejaban a los espíritus malignos. Esta, de la dinastía Song, tiene la forma de un niño feliz y sano, y pudo pertenecer a una familia que deseaba tener un heredero varón.

1000

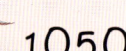

1050

Mosaico de la catedral

Dominando el interior de la catedral de Santa Sofía de Kiev, Ucrania, este deslumbrante mosaico de 6 m de altura de la Virgen María orando está compuesto de unos dos millones de teselas (pequeñas piezas que forman los mosaicos). Es considerado una obra maestra del arte bizantino.

Se cree que este bello mosaico de la Virgen María orante con las manos extendidas protege la ciudad de Kiev.

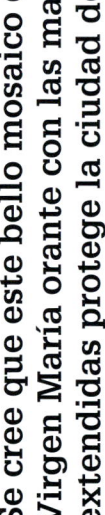

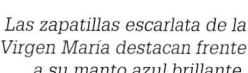

Las zapatillas escarlata de la Virgen María destacan frente a su manto azul brillante.

Virgen orante

Principios de primavera

1072

Montaña mística

Esta espectacular escena de una montaña cubierta de niebla del artista Guo Xi es un significativo ejemplo del estilo *shan shui* de la pintura china, que usa pincel y tinta para representar paisajes idealizados. Escenas como esta estaban destinadas a inspirar una contemplación tranquila.

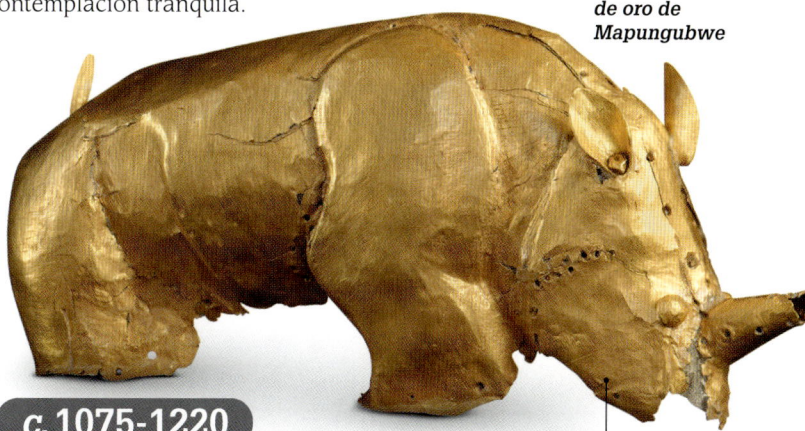

Rinoceronte de oro de Mapungubwe

La lámina de oro antaño cubrió un molde de madera, ahora podrido y desaparecido.

c. 1075-1220

Animal de oro

Esta figurilla de 15 cm de largo de un rinoceronte se encontró en un yacimiento funerario del que un día fue el Reino de Mapungubwe (la actual Sudáfrica). Es uno de los pocos animales hallados y se desconoce su finalidad.

1100

1000-1150   ARTE ROMÁNICO

Inspirándose en los romanos, cuyos edificios en ruinas estaban dispersos por todo el continente, se extendió por la Europa medieval un nuevo estilo de arte y arquitectura conocido como Románico. Se construyeron enormes iglesias de piedra, decoradas con coloridos murales y (más tarde) vidrieras. Su finalidad era enseñar historias bíblicas a las personas que no sabían leer.

Los arcos de medio punto reflejan el estilo de los antiguos edificios romanos.

Con sus grandes espacios y una sólida construcción de piedra, la abadía de Santa María Laach del siglo XI en Alemania es considerada una obra maestra del Románico. En el interior aparecen frescos pintados de colores brillantes.

Manuscrito en miniatura

Esta ilustración procede del *Edicto de Rotario*, un manuscrito del siglo VII. Muestra a este rey de los lombardos, sentado en su trono, en un edificio típicamente románico con arcos de medio punto.

UBI HAROLD SACRAMENTVM FEC VVILLELMO DVCI :·

Relato de una conquista

Tapiz de Bayeux, siglo XI, artistas desconocidos

Bordado con lana teñida y de 70 m de largo, el Tapiz de Bayeux cuenta la historia épica de la conquista de Inglaterra por Guillermo, duque de Normandía (región del norte de Francia) en 1066. Al igual que una tira de cómic, representa una serie de escenas de acción que se desarrollan en una secuencia continua. Llena de detalles fascinantes, esta obra de arte románica única ofrece una valiosa visión de la vida de la Europa del siglo XI.

Guillermo de Normandía

La historia se cuenta desde el punto de vista de Guillermo. Afirma que se le había prometido el trono inglés a la muerte del rey, Eduardo el Confesor.

Desfile de animales

Las secciones superior e inferior de este tapiz están llenas de imágenes de animales. Algunos están sacados de la vida real, mientras que otros son bestias imaginarias.

HIC HAROLD:DVX:

Juramento de Haroldo

El poderoso noble Harold Godwinson promete respetar el derecho al trono de Inglaterra de Guillermo, pero luego regresa a casa para reclamarlo para sí. Cuando los normandos invaden, es asesinado en una batalla.

Huesos sagrados

Haroldo hace su juramento tocando cofres con reliquias sagradas. Se creía que estas reliquias eran los restos de santos cristianos, y al romper su promesa, Haroldo muestra que va contra los deseos de Dios.

Regreso a Inglaterra

Las naves están ricamente detalladas y bordadas en colores. Todos son barcos de estilo vikingo. Grandes comerciantes marítimos, tanto ingleses como normandos, copiaron los diseños vikingos. En esta escena, Haroldo regresa a Inglaterra tras recibir la bendición de Guillermo.

47

1100 ▶ 1200

Virgen de Vladimir

1150-1175

Piezas de ajedrez vikingas

Estas piezas de ajedrez, talladas en marfil de morsa, se encontraron en la isla de Lewis, Escocia. Los vikingos se establecieron en esta zona en el siglo IX, y estos característicos y detallados objetos revelan sus habilidades para tallar y sus juegos.

Piezas de ajedrez de Lewis

El alfil es un obispo con mitra y una Biblia.

c. 1125

Icono milagroso

Este icono bizantino que representa a la Virgen y al niño Jesús, fue realizado en Constantinopla (actual Estambul, Turquía) y llevado a la ciudad de Vladimir en Rusia. Se le atribuye la virtud de proteger el país de una eventual invasión mongola, y se convirtió en un famoso y preciado tesoro nacional.

1100

1150

ARTE DE CONTAR HISTORIAS

En todo el mundo, se han utilizado imágenes, a veces combinadas con texto, para contar historias religiosas y registrar acontecimientos importantes en manuscritos bellamente decorados. Japón, en particular, tenía una rica tradición de *emaki*, rollos de pinturas que se podían desenrollar escena a escena. Las ilustraciones de estos manuscritos ayudaban a la gente a entender las historias que se contaban, al igual que sucede con los cómics y las novelas gráficas actuales.

Registro de la historia bizantina

El *Madrid Skylitzes* es un manuscrito iluminado del siglo XII que registra los reinados de los emperadores bizantinos. Esta escena muestra un barco bizantino atacando una embarcación enemiga con «fuego griego», un arma lanzallamas.

Proteger Kioto

Ban Dainagon Ekotoba, emaki de 20 m de largo pintado por el artista japonés Mitsunaga Kasuga a finales del siglo XII, cuenta la historia de la destrucción de la puerta del palacio imperial de Kioto en el año 866. Esta escena muestra a la gente luchando contra las llamas y finalmente arrestando al culpable.

Placa metálica bañada en oro.

Placa con ángeles con incensarios

1170-1180

Placa ornamental

La ciudad de Limoges, Francia, era famosa en la Edad Media por sus elaborados esmaltes (objetos de metal decorados con fragmentos de cristal de colores). Esta placa estuvo situada en lo alto de una cruz de altar, y las expresiones serias de los dos ángeles con incensarios indican que están presenciando la Crucifixión de Cristo.

1200

Cerámica chancay

La cerámica de los chancay de Perú tenía un estilo pictórico distintivo: usaban pintura negra sobre blanco, como en esta figura de una llama del siglo XI. Estos animales eran importantes en toda Sudamérica para el transporte y el vestido, y la comida.

La cabeza inclinada hace que la llama parezca observar algo con atención.

1150-1600   ARTE GÓTICO

El estilo gótico se inició en el norte de Francia como una nueva forma de arquitectura religiosa, que usaba pilares delgados en lugar de gruesos muros, para soportar el peso del techo. Los constructores podían ahora concebir edificios más altos, que permitían espacio para ventanas más grandes y más decoración. El estilo gótico destacó por su elegancia y su elaborado diseño, y pronto se extendió a otras artes como la pintura y la escultura.

Arte religioso
El arte gótico estuvo fuertemente vinculado al cristianismo. Procedente de Francia y realizado *c.* 1260-1270, este díptico (objeto de dos paneles que puede abrirse o cerrarse durante la oración) de marfil muestra la Coronación de la Virgen María en el cielo (izquierda) y el Juicio Final (derecha).

El arco apuntado permite construir edificios más altos y anchos.

Cambio de estilos
Los arcos de medio punto y las ventanas de estilo románico (ver p. 45) se hicieron apuntados en el estilo gótico, como en la catedral de Barcelona, España.

Esculturas grotescas
Los exteriores de algunas catedrales e iglesias góticas se decoraban con figuras grotescas, que representan criaturas monstruosas, como esta de la catedral de Lincoln, Inglaterra. Se creía que protegían el edificio de los espíritus malignos. Similares eran las gárgolas que actuaban como caños para drenar el agua de la lluvia y evitar las filtraciones.

c. 1000-1300

Quema de incienso

En el mundo islámico medieval, los incensarios se utilizaban en las cortes reales o en ocasiones especiales para esparcir humo perfumado. Este incensario de bronce procedente de Irán tiene forma de pájaro. Su vientre contiene un pequeño cuenco para el incienso. Cuando se encendía, el humo se filtraba por los agujeros del cuerpo.

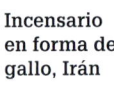

Incensario
en forma de
gallo, Irán

Página de la *Biblia
de los Cruzados*

c. 1240

Biblia iluminada

La *Biblia de los Cruzados* es uno de los manuscritos iluminados más famosos. Sus miniaturas muestran personas y hechos del Antiguo Testamento ambientados en la Francia del siglo XIII. Los colores vivos de las ilustraciones tienen ricos detalles de las vestimentas y las armaduras de la época.

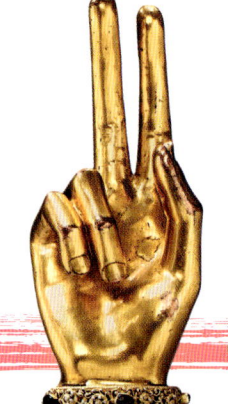

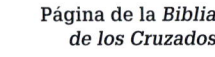

1200

c. 1200

Bestia medieval

El rostro del feroz león parece casi humano en este fresco de un monasterio románico del norte de España. Puede que el artista nunca hubiera visto un león de verdad, pero logró captar su naturaleza, con la cola levantada y los músculos de las patas traseras tensas como si estuviera listo para abalanzarse.

*Peces entrelazados
forman una cenefa
decorativa.*

Fresco con
león, España

c. 1230

Huesos sagrados

Este original objeto es un relicario, una especie de cofre para preservar reliquias religiosas (generalmente huesos o fragmentos de huesos de santos). No siempre las reliquias eran auténticas, pero la gente recorría grandes distancias para verlas. Los relicarios solían tener la forma de la parte del cuerpo que contenían. Este, procedente de los Países Bajos, es de metales preciosos y joyas, y probablemente contenía huesos del brazo, que se podían ver a través de los agujeros laterales.

Relicario de
un brazo

Figura de terracota sentada

c. 1250-1299

Asalto a una ciudad

El *Cuento de Heiji* es un manuscrito ilustrado de 7 m de largo (*emaki*, ver p. 48) que describe los acontecimientos de una breve guerra civil en Japón en el siglo XII. En él se representan con detalle los edificios y la vestimenta de la época. Esta sección muestra el palacio del emperador en llamas en un ataque, captando el caos de la batalla.

La acción se muestra de derecha a izquierda.

Ataque nocturno al palacio Sanjo, que aparece en el *Cuento de Heiji*.

S. XIII

Figura africana

Esta figura de terracota es de Djenné-Djenno, un importante centro artesanal y comercial del antiguo Imperio de Malí de África occidental. Representa una persona angustiada, sentada y abrazada a su pierna. Se desconoce el significado de las protuberancias de la espalda, pero pueden ser síntomas de una enfermedad.

1250   **1300** ▶▶

Vasija mixteca

Esta vasija de barro del pueblo mixteca fue encontrada en Zaachila, México. Se elaboró en algún momento entre los años 1000-1400, y su asa en forma de esqueleto quizá representa a Mictlantecuhtli, dios de la muerte.

ARTE PARA EL CULTO

Los iconos son obras de arte religiosas para que los fieles mediten y recen. La mayoría de los iconos cristianos de la Edad Media muestran figuras alargadas sobre fondo plano y dorado. Por su parte, los artistas musulmanes utilizaban dibujos y versos del Corán para ser contemplados por los creyentes en momentos de recogimiento, ya que el uso de formas humanas para el culto está prohibido en el Islam.

Azulejo funerario

Este azulejo de ricas decoraciones es de 1334 y proviene de un complejo de tumbas de Qom, Irán. Los lugares religiosos islámicos suelen estar decorados con azulejos vidriados. Presentan dibujos complejos con flores, estrellas o palabras del Corán.

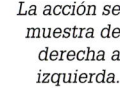

Primeros santos

Los iconos cristianos suelen representar a Jesús, a María o a los santos sobre un fondo dorado que simboliza el cielo. Este icono de la Rus de Kiev (actual Europa del Este) muestra a los hermanos Boris y Gleb, los primeros santos cristianos de la región.

Fragmento del Códice Nuttall

La historia en imágenes

Un códice es un tipo de manuscrito antiguo que se utilizaba para registrar hechos históricos o hechos importantes. Esta escena tan colorida forma parte del *Códice Nuttall*, que significa «historia del pueblo». Utilizando imágenes en lugar de palabras, nos muestra las relaciones familiares y la batalla de Ocho Venado Garra de Jaguar, cacique del pueblo mixteca de México del siglo XI. En el centro de la escena hay un templo. El propio gobernante aparece arriba a la derecha, apostando por la ciudad de Tututepec. La sección de la izquierda muestra el nacimiento de Señora Una Muerte, que iniciará una nueva dinastía.

Mixteca significa «pueblo de la lluvia» en náhuatl, lengua de la región.

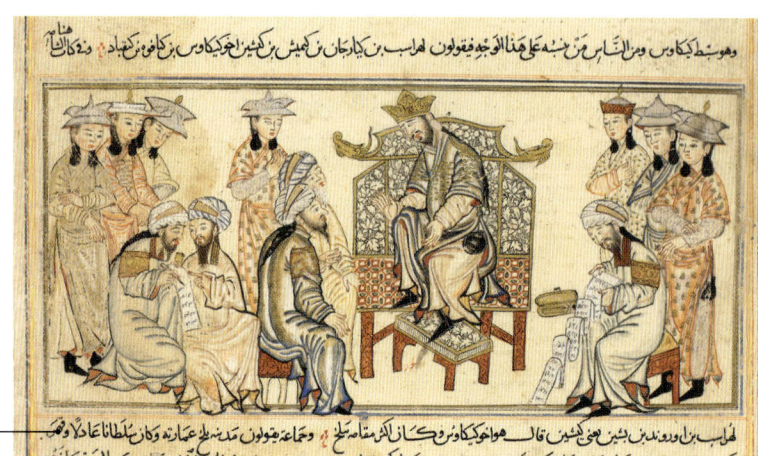

Caligrafía árabe, aunque también había una versión en persa.

Compendio de Crónicas

Corona con elementos decorativos.

Cabeza de una oni

Inicio s. XIV

Esculturas de Ife

El Reino de Ife floreció entre los siglos XII y XV en lo que hoy es Nigeria. Los artistas de Ife crearon bustos naturalistas de bronce y latón, como esta cabeza de un *oni* (gobernante). Hasta hoy, se han encontrado 19 esculturas como esta, que probablemente representa a una mujer oni.

1314

Historia de los mongoles

Hacia 1300, los mongoles empezaban a contar su propia historia como conquistadores de Asia. El *Compendio de Crónicas* (Jami al-tawarikh), del historiador persa Rashid al-Din, es una historia del mundo, pero está llena de referencias a las victorias militares mongolas. Está escrito con una compleja caligrafía e ilustrado por cientos de artistas.

c. 1267-1337 GIOTTO DI BONDONE

El artista italiano conocido como Giotto provocó un enorme cambio en el arte occidental. Mientras que el estilo bizantino de la época era plano y estilizado, Giotto comenzó a pintar personas y lugares tal y como aparecían en la vida real. Utilizó proporciones exactas, expresiones faciales, luces y sombras, y detalles como los pliegues de las telas para que parecieran tridimensionales.

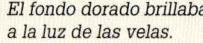

El fondo dorado brillaba a la luz de las velas.

Representación majestuosa

A principios del siglo XIV, Giotto pintó *La madona de Ognissanti* para la iglesia de Todos los Santos de Florencia, Italia. Es un ejemplo de *maestà*, una representación de María entronizada y un joven Jesús con ángeles y santos. Todas las figuras de Giotto tienen distintas proporciones, expresiones y gestos, lo que hace que parezcan inusualmente reales.

1320

Libro de oraciones judío

La *Hagadá*, libro que leen los hebreos durante la comida de Pascua, describe cómo los israelitas escaparon de la esclavitud de Egipto. La *Hagadá Dorada,* manuscrito originario de España, es una de las versiones más lujosas, con detalladas ilustraciones en miniatura de la historia sobre un fondo de pan de oro.

Hagadá Dorada

Esta figura mide 11 cm.

Ornamentos de un guerrero azteca

Celebración guerrera

La guerra era importante para los aztecas, que vivían en lo que hoy es México. Las elaboradas joyas y armas de esta figura sugieren que se trata de un guerrero de la élite azteca. El ornamento es de oro y plata, y pudo usarse como un colgante o sujeto a la ropa.

Pintar la naturaleza

Esta pintura de principios del siglo XIV de la dinastía Yuan de China fue realizada por el artista Xie Chufang. Es un ejemplo del arte *caochong*, que representa plantas e insectos, y muestra que era capaz de captar el mundo natural.

La figura sostiene un escudo, dardos y un lanzador de dardos.

Fascinación por la naturaleza

1400

Los colonizadores españoles saquearon muchos objetos de oro aztecas y los fundieron para utilizar el valioso metal para otros fines.

Cada personaje sostiene un libro, símbolo de su Evangelio individual.

Libro de los Evangelios

En *c.* 300 d.C., Armenia se convirtió en el primer país en adoptar el cristianismo como religión. Esta página de un raro Evangelio de Armenia muestra a los cuatro autores de los Evangelios (Mateo, Marcos, Lucas y Juan) con ropas coloridas que pueden ser similares a la que llevaban los clérigos armenios de la época.

Página de un libro de Evangelios con sus cuatro autores

1400-1600

Este período asistió al desarrollo del Renacimiento en Europa. Los artistas usaron formas innovadoras en los campos de la pintura, la escultura y la arquitectura, recuperando ideas olvidadas de las antiguas Grecia y Roma. La aparición de la imprenta permitió la difusión del arte y los libros ilustrados, que pudieron ser vistos y poseídos por más personas. En Asia, el arte siguió influido por filosofías religiosas como el sufismo y el budismo. El auge del comercio oriental impulsó la creación de artes decorativas, como la pintura sobre seda y los jarrones de porcelana que se vendían en los mercados de todo el mundo.

1400 ▶ 1420

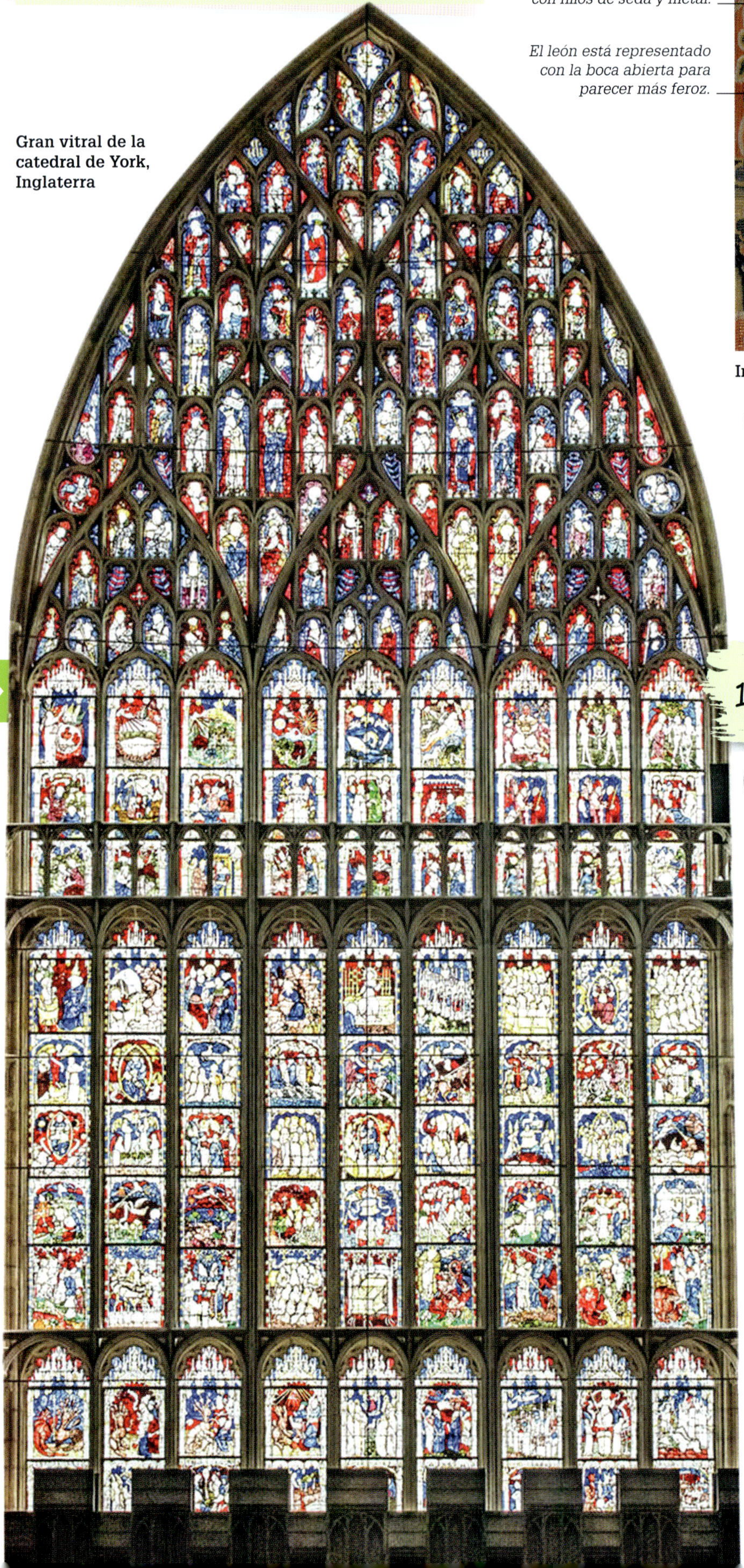

Gran vitral de la catedral de York, Inglaterra

Este bordado fue realizado con hilos de seda y metal.

El león está representado con la boca abierta para parecer más feroz.

Insignia de león bordada de la China Ming

c. 1400

Símbolos de estatus

El bordado era una forma de arte importante en la China de la dinastía Ming. Las túnicas de seda de los funcionarios se bordaban con animales, tanto reales como míticos, para representar el rango del portador. El león simbolizaba el segundo rango del ejército.

1400

1405-1408

Vidrieras medievales

Este magnífico ventanal es la mayor vidriera medieval de Inglaterra, y fue realizada para la catedral de York por John Thornton. Mide 24 m de altura, más o menos el tamaño de una pista de tenis. La ventana está formada por 311 paneles que muestran escenas de la Biblia, desde la creación hasta el final de los tiempos.

Tocado de plumas

El trabajo con plumas era fundamental en el arte de los aztecas de México. Las plumas se utilizaban para decorar escudos, tocados y mantos. Solo el emperador y los guerreros importantes usaban estos símbolos de rango social.

Inicio s. xv

Porcelana china

La porcelana china azul y blanca del período de la dinastía Ming era muy codiciada, especialmente en Europa. Este jarrón se fabricó en Jingdezhen, la «capital de la porcelana» del norte de China. Está decorada con un dragón azul cobalto, un motivo frecuente en el arte del país. Dentro de las creencias chinas, los dragones representan poder y suerte.

Las garras del dragón representaban el rango social del propietario. A más garras, mayor estatus.

Jarrón de porcelana de la dinastía Ming

> **"Solo él llevó la escultura a la perfección maravillosa de nuestra época."**
>
> Giorgio Vasari sobre Donatello, *Vidas de artistas*, 1568

c. 1415-1417

Protector valiente

Donatello fue uno de los más grandes escultores del primer Renacimiento italiano, un período de descubrimiento de nuevos estilos artísticos. Su escultura de san Jorge fue encargada por una iglesia en Florencia, Italia. San Jorge era un héroe y protector de la ciudad, por lo que Donatello lo representa como un hombre fuerte y joven, con armadura y expresión decidida.

San Jorge

1420

Estas estructuras en forma de sombrero pueden imitar los tocados de algunos altos cargos.

Moái de Rapa Nui

c. 1100-1650

Estatuas colosales

En la isla de Pascua (Rapa Nui en el idioma local), frente a América del Sur, se alzan a lo largo de la costa unas 1000 figuras colosales de piedra conocidas como moái. Esculpidas por el pueblo indígena rapa nui, fueron probablemente atadas con cuerdas y «caminaron» a través de la isla tirando de ellas de un lado a otro hasta sus posiciones actuales. El moái más grande mide 22 m de altura y pesa más de 160 toneladas.

Las estatuas están de espaldas al mar, vigilando a los isleños.

Mitos e historias sagradas

Toda cultura tiene historias que se transmiten de generación en generación, algunas de ellas fundamentales para su religión. Muchos de estos relatos tratan del triunfo del bien sobre el mal, y a menudo presentan criaturas fantásticas, actos de heroísmo y ejemplos de valentía, lealtad y determinación. Otras narraciones explican el mundo a través de las acciones de dioses y diosas. Los artistas retoman estos mitos e historias sagradas una y otra vez de distintas formas.

Escultura de 5 m de altura.

Trampa peligrosa, 480 a. C.

Esta vasija de cerámica roja y negra de la antigua Grecia ilustra una escena de la *Odisea*, un poema épico del poeta griego Homero. Muestra unas sirenas (criaturas míticas mitad pájaro, mitad mujer) que cantan en un intento de atraer el barco del héroe, Ulises, hacia las peligrosas rocas para hacerlo naufragar. Ulises está atado al mástil para poder resistir el canto de las sirenas.

Amuleto, *c.* 907-1125 d. C.

En la mitología china, una criatura llamada fénix está relacionada con la buena fortuna y la inmortalidad. La gente creía que llevar símbolos de fénix les traería prosperidad. Este colgante de la dinastía Liao está tallado en jade blanco, también considerado de buena suerte.

Rey domador de leones, 721-705 a. C.

Gilgamesh fue un rey legendario de Mesopotamia (actual Irak) y el héroe de una de las historias escritas más antiguas, la *Epopeya de Gilgamesh*. Este impresionante relieve, hallado en las ruinas del palacio del rey Sargón II, podría representar a Gilgamesh, imponiéndose al león que ha dominado.

El caballero y el dragón, *c.* 1470

San Jorge era un tema popular entre los artistas europeos de la Edad Media. En este *San Jorge y el dragón*, el artista italiano Paolo Uccello muestra al santo vestido como un valiente caballero, que se enfrenta a un feroz dragón para salvar a una princesa.

Lucha contra los demonios, 1649-1653

Esta animada pintura pertenece a una versión ilustrada del *Ramayana*, un antiguo poema épico hindú sobre la lucha entre el bien y el mal. Representa una batalla entre el ejército de monos del príncipe Rama y las fuerzas demoníacas de Ravana, que ha raptado a la esposa de Rama, Sita. La batalla fue pintada con gran detalle por Sahībdīn, un renombrado pintor de la escuela de Mewar, Rajastán, India.

Dios del trueno, 1872

En *La lucha de Thor con los gigantes*, el pintor sueco Mårten Winge presenta a Thor, el dios nórdico del trueno, como una fuerza del bien. Un Thor radiante desciende del cielo en su carro, derribando a los gigantes malvados con los rayos de su poderoso martillo.

Diosa del río, *c.* 1960

Para pintar las leyendas y las prácticas de la cultura yoruba, el artista nigeriano Twins Seven-Seven utiliza colores y patrones inspirados en los tejidos tradicionales. En *El pescador y la diosa del río con sus peces multicolores y la guardia nocturna del río*, la diosa yoruba Oshun aparece en una barca con un pescador y unos peces.

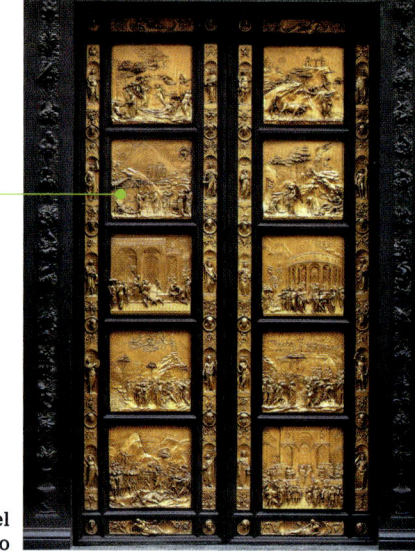

Los ojos son de madreperla.

Máscara de Xiuhtecuhtli

En el tercer panel, Noé y su familia emergen del Arca después del Diluvio.

Puertas del baptisterio

1425-1452

Obra maestra

El escultor italiano Lorenzo Ghiberti tardó 27 años en realizar las puertas del baptisterio de San Giovanni, junto a la basílica de Santa María del Fiore, Florencia. Cada uno de los 10 paneles de bronce dorado representa una escena del Antiguo Testamento. El también escultor Miguel Ángel quedó tan impresionado que llamó a esta obra «Puertas del Paraíso».

1420

c. 1400-1521

Máscara turquesa

En la cultura azteca del centro de México, Xiuhtecuhtli era el dios del fuego, vinculado a la creación. Esta máscara, hecha de diminutos fragmentos de turquesa es una representación de este dios. Puede que se usara en ceremonias religiosas o en entierros reales.

S. XV-XVI   CAMBIO DE ESTILO

Mientras que la Edad Media fue un tiempo de dificultades, un nuevo período conocido como Renacimiento trajo esperanza, belleza y nuevos conocimientos, en parte a través del estudio de la Antigüedad grecorromana. Esta nueva cultura se reflejó en el cambio de estilos artísticos, como muestra el contraste entre estas dos pinturas sobre un mismo tema y de distintos períodos.

Arte medieval
En el arte medieval, el tema era más importante que la técnica o el estilo. Las obras de arte solían centrarse en la religión. Las pinturas de la época eran a menudo oscuras y serias, con proporciones planas e irreales, y un número limitado de colores. Esto se puede ver en la obra del pintor italiano Berlinghiero *Virgen y el niño*, con sus irreales manos de largos dedos.

Arte renacentista
El Renacimiento trajo consigo las tres dimensiones a una superficie plana con el uso de la perspectiva (ver p. 79). En *Virgen del prado* (1506) de Rafael, la Virgen es mucho más realista y está pintada con colores brillantes.

1433

¿Un autorretrato?

El artista flamenco Jan van Eyck fue uno de los primeros pintores del Renacimiento del noroeste de Europa en usar un estilo realista, captando hábilmente detalles minuciosos. Se cree que el hombre de este cuadro es el propio Van Eyck. Lleva el chaperón, especie de capucha, atado sobre la cabeza para evitar ensuciarlo mientras pinta.

Retrato de hombre

PINTURA AL ÓLEO

Aunque la técnica de la pintura al óleo se había utilizado durante cientos de años, fue Jan van Eyck quien ideó una receta que ayudó a dar brillo a los colores. Los óleos se pueden aplicar en capas a fin de darle a la pintura una sensación de profundidad.

Mezcla de colores
Los óleos son brillantes y transparentes. El artista usa una tabla plana llamada paleta para mezclar diferentes colores antes de aplicarlos.

Pinceladas
Los óleos para pintar pueden usarse en forma de manchas gruesas con un pincel grande, o aplicarse mediante pinceladas delicadas con uno más pequeño.

1430

1440

1430-1440

Levantar una tormenta

Algunos de los más bellos ejemplos del arte persa de este período se encuentran en esta copia ilustrada del poema épico del siglo x *El Libro de los Reyes* (*Shahnameh*) del poeta Firdausí. En él se recogen mitos y relatos históricos de Persia (actual Irán). En esta escena, un hechicero conjura una tormenta para confundir a los soldados persas.

 Esta escena fue probablemente pintada en un taller del norte de la India por artistas de varias zonas de la India y Persia.

Bazur, el mago, levanta la oscuridad de una tormenta

1440 ▶ 1460

Adoración de los Pastores

Andrea Mantegna era hijo de un carpintero y a los 11 años se convirtió en aprendiz de un pintor.

c. 1450
Homenaje a Jesús
Pastores visitando al niño Jesús para presentar sus respetos es un tema popular en el arte cristiano. El artista italiano Andrea Mantegna representa a José, el niño Jesús y los pastores con piel oscura, una representación más realista de la habitual en la época, al situarse su origen en el Próximo Oriente.

1440 — 1445 — 1450

Cuenco de jade con caligrafía

1442-1445
Arcilla esmaltada
El escultor italiano Luca della Robbia inventó una técnica para el esmalte de estaño que da a la terracota un aspecto pulido, como se ve aquí, en las figuras de una de sus esculturas de la catedral de Florencia. El blanco contra el azul cobalto del cielo sugiere pureza y espiritualidad.

Tejido inca
En el Imperio inca de Perú, las telas eran posesiones muy valoradas, ya que simbolizaban riqueza y posición social. Finamente tejidas a mano, las mejores eran más apreciadas que el oro y la plata. Este *uncu* (túnica) fue realizado en *c.* 1450-1550 para adornar una estatuilla.

1447-1449
Cuenco valioso
Este raro recipiente de jade blanco del Imperio timúrida de Asia mide solo 2,5 cm de altura y 5 cm de ancho. Está decorado con una cuidada caligrafía. La inscripción en árabe que lo rodea en el centro consigna que fue encargado por el gobernante timúrida Ala ud-Daulah, y la escritura en persa del borde indica que más tarde perteneció al emperador mogol Jahangir.

La Resurrección

Túnica de pelo de animal

1454

Arte taoísta

Esta pintura realizada con tinta sobre un pergamino de seda fue encargada a un artista desconocido por un emperador de la dinastía Ming de China. Representa a dos grupos de deidades estelares de la religión taoísta. Cada uno de los grupos simboliza una constelación. Aquí están salvando a todos los seres de ir al infierno. Los nombres de las deidades están escritos con oro en el lado derecho.

Este grupo lleva túnicas reales, mientras que el otro va vestido de forma más sencilla.

Deidades estelares

c. 1400-1599

Tallado de marfil

Los talladores de marfil de África occidental fabricaban objetos para el *oba* (rey) de Benín y otras cortes reales. Cuando los portugueses llegaron a la región, quedaron tan impresionados por su habilidad que les encargaron artículos para llevar a las casas reales europeas. Estos objetos se conocen como «marfiles luso-africanos», y a menudo integran motivos decorativos europeos y del occidente africano, como se ve en este elaborado salero.

La rosa rematada con un tapón en forma de bellota es un motivo europeo.

Salero de marfil

1455

1460

c. 1430 ARTE E IMPRESIÓN

El uso de la imprenta en Europa en el siglo xv no solo revolucionó la difusión del conocimiento, sino que también ayudó a que el arte llegara a un público más amplio. Las imágenes podían imprimirse ahora a un coste menor y en gran cantidad, posibilitando que los menos pudientes pudieran comprar artículos como imágenes religiosas.

Primeros procesos de impresión

Los primeros impresores utilizaban dos métodos. En xilografía se empleaban planchas de madera con la superficie en relieve que se impregnaba con tinta. En calcografía, las incisiones se hacían sobre una plancha de metal que contenía la tinta.

Impresora primitiva

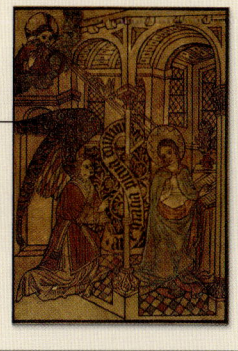

Muchas imágenes se coloreaban a mano con acuarelas tras ser impresas.

Grabado de La Anunciación

Los perros ladran a las serpientes.

Amenazantes serpientes cuelgan boca abajo.

Una mujer con vestido africano está cerca de un guerrero con un escudo y una espada.

Rayo de luz

Dios y sus ángeles observan desde arriba. Un rayo de luz, que simboliza el poder de Dios y un acto de creación, llega a María, que dará a luz al niño Jesús.

Paloma

En el arte cristiano, la paloma es un símbolo del Espíritu Santo. Aparece a menudo en las representaciones de la Anunciación. Aquí la vemos bajar del cielo directamente hacia María sobre un rayo de luz.

Lirio

El lirio blanco representa la pureza y se utiliza casi exclusivamente en las pinturas de la Anunciación para representar a María. Además, el lirio florece en primavera, la estación que se asocia a una nueva vida.

Plumas de pavo real

En el arte cristiano, las plumas de pavo real son un signo de inmortalidad, por lo que suelen usarse para representar las alas de los ángeles, los mensajeros celestiales de Dios. Los ocelos de estas alas representan la capacidad de Dios de verlo todo.

Mensaje divino

Anunciación, 1443-1450, Filippo Lippi

El artista italiano Filippo Lippi era conocido por los detalles de sus pinturas, como los pliegues de los ropajes y la expresividad de los rostros. También utilizó la perspectiva para crear sobre una superficie plana la apariencia de un mundo real en tres dimensiones. La gran habilidad de Lippi se aprecia en este cuadro de la Anunciación, un tema muy popular en el arte cristiano, en el que el arcángel Gabriel anuncia a la Virgen María que será la madre del Hijo de Dios.

Halo

El halo, representado aquí por un disco radiante alrededor de la cabeza, es un símbolo de la santidad en el arte cristiano. Indica al espectador de la obra que está viendo a una persona muy virtuosa e importante. La Virgen María tiene un halo porque es sagrada.

Túnicas azules

La pintura azul era muy cara, pues se elaboraba con ingredientes como el lapislázuli triturado, una valiosa piedra preciosa. Lippi la utilizó para las túnicas de Dios y de María, indicando que son las figuras más importantes del cuadro.

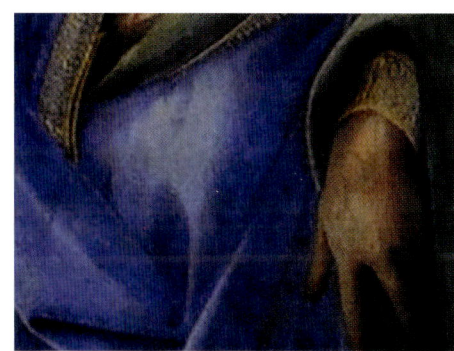

Libro de oraciones

Los cuadros de la Anunciación suelen representar a María leyendo un libro de oraciones cuando es interrumpida por el arcángel Gabriel. Así se muestra su devoción y se relaciona con la creencia medieval de que fue educada en la antigua Jerusalén.

1460 ▸ 1480

MUJERES PODEROSAS

Desde el siglo XIV, los artistas europeos han representado a mujeres como personajes fuertes y dominantes, a fin de desafiar las creencias sobre el papel de la mujer en una sociedad de hombres. En Alemania, este estilo de arte se denominó *Weibermacht*, que significa «poder de las mujeres». En el siglo XV, los artistas se centraron especialmente en figuras bíblicas como Judit y Dalila, que desafiaron las normas con sus valientes y violentos actos.

Mujer guerrera

Judit fue una heroína del Antiguo Testamento. En *El regreso de Judit a Betulia* (1472), Sandro Botticelli muestra a Judit llevando la espada con que mató al general enemigo Holofernes, y una rama de olivo que simboliza la paz. Detrás de ella, su doncella, Abra, lleva la cabeza de Holofernes.

Engañar a un héroe

En *Sansón y Dalila* (1495-1500), el pintor italiano Andrea Mantegna muestra a Dalila cortando el pelo del héroe Sansón mientras este duerme. Dalila había engañado a Sansón para que este le desvelara que su fuerza sobrehumana residía en su pelo. La parra que rodea el árbol simboliza el sueño de Sansón borracho, que lo deja indefenso ante Dalila. Este estilo de pintura, que emplea tonos de gris, se llama grisalla.

Final s. XV

Retrato coreano

Tradicionalmente, los retratistas de Corea pintaban a sus modelos en posición sentada de cuerpo entero. Ponían gran cuidado en los detalles del rostro del protagonista porque revelaban información importante. Este retrato de un artista desconocido muestra a Sin Suk-ju, un respetado erudito y político de la dinastía Joseon.

Los ojos claros y brillantes revelan sabiduría y nobleza.

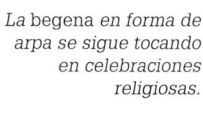

Retrato de Sin Suk-ju

1460

Mezcla de culturas

La Biblia cuenta que el rey David tocaba el arpa para alejar el mal. Esta representación, realizada a mediados del siglo XV por un monje italiano en Etiopía, da a la historia un aire local al mostrar a David tocando un instrumento etíope llamado *begena*.

La begena en forma de arpa se sigue tocando en celebraciones religiosas.

Esta figura está a escala más pequeña porque es menos importante.

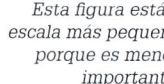

Poeta en la cima de una montaña

El poema recrea los sentimientos del artista al ser leído en voz alta.

Poeta en la cima de una montaña

c. 1480
Arte sufí

Unos místicos islámicos, llamados sufíes o derviches, bailan la *sama* (danza espiritual) en esta colorida pintura en miniatura del artista persa Bihzad. Los sufíes creían que tocando música, bailando y orando, podían entrar en trance, lo que les permitía tener la mente clara y acercarse a Alá.

Derviches danzantes

c. 1471
Expresar emociones

Poeta en la cima de una montaña, de Shen Zhou es un ejemplo de pintura literaria china. Este estilo artístico se centra en los sentimientos del artista en lugar de escenas realistas. En esta pintura, la pequeña figura humana en la cima simboliza lo insignificante que se siente una persona en comparación con las fuerzas de la naturaleza.

c. 1450-1532
Artesanía inca

Este sencillo pero elegante cuenco, decorado con dos peces, fue realizado por un artista inca desconocido en el actual Perú. La mayor parte de la cerámica inca era de uso doméstico, pero los recipientes destinados a ceremonias y rituales estaban decorados con animales o temas geométricos.

Cerámica inca

1470

1480 ▶▶

1477-1482
La llegada de la primavera

En *La primavera*, una de las grandes obras renacentistas inspiradas en la mitología clásica, el pintor italiano Sandro Botticelli representa el inicio de la primavera. La diosa romana del amor, Venus, se sitúa en el centro. Tres Gracias, que representan la felicidad, la elegancia y la belleza, bailan en círculo, mientras que Mercurio, dios mensajero, ahuyenta las nubes de invierno con una varita. A la derecha, la ninfa Cloris se transforma en Flora, la diosa de la primavera.

La primavera

Hombre en el espejo, 1434

El artista flamenco Jan van Eyck era famoso por su detallismo. En el espejo circular situado detrás de la pareja en *Retrato del matrimonio Arnolfini*, se reflejan dos hombres, uno de los cuales parece ser el propio artista.

Entre los mejores, 1509-1511

En el fresco *La escuela de Atenas*, el artista renacentista italiano Rafael representa las mentes más brillantes de la antigüedad grecorromana, además de algunos grandes artistas de su tiempo. Rafael aparece en el extremo derecho, mirando directamente al espectador. Al incluirse a sí mismo entre figuras famosas como los filósofos griegos Aristóteles y Platón, y sus compañeros del Renacimiento, Leonardo da Vinci y Miguel Ángel, Rafael muestra la máxima confianza en su talento.

Artista trabajando, 1656

En *Las meninas*, el pintor de la corte española Diego Velázquez se autorretrata trabajando en el Palacio Real de Madrid. Es posible que esté pintando al rey y la reina, visibles en el espejo del fondo.

¡Encuentra al artista!

Existe una larga tradición entre los pintores que consiste en incluirse en sus propias obras. En los primeros ejemplos, solían hacerlo para ser más conocidos. Más recientemente, los artistas se han camuflado para explorar ideas sobre la identidad y la expresividad propias. Sea cual sea el motivo, a veces es un reto detectar a estos maestros del disfraz.

Vida nocturna, 1892-1895

El artista francés Henri de Toulouse Lautrec es conocido por sus cuadros sobre la vida nocturna parisina. En *Moulin Rouge*, el pintor representa a los clientes disfrutando de una noche en el famoso cabaré. El artista era muy bajo debido a una enfermedad y subraya esta condición colocándose junto a un primo muy alto.

Fantasma entre flores, 2009

La artista peruana Cecilia Paredes es conocida por utilizar pintura corporal para mimetizarse con fondos estampados, como en la fotografía *Nocturno*. Es su forma de explorar el deseo de la gente de integrarse.

Artista presidente, 2010

Al artista estadounidense Roger Shimomura le gusta explorar su identidad nipona. En *Shimomura cruzando el Delaware* imita el famoso cuadro del siglo XIX *Washington cruzando el Delaware* (ver p. 132), pero en el estilo de las xilografías japonesas. Al ponerse en el lugar del primer presidente estadounidense, Shimomura se pregunta qué significa ser de Estados Unidos.

1480 ▶1500

Pintura que representa el traslado de porcelana china

c. 1480

Intercambio cultural

La Ruta de la Seda permitió el intercambio de mercancías entre Oriente y Occidente. Esta pintura persa en miniatura celebra la fascinación por la porcelana china Ming que había en Asia occidental. Muestra el cortejo nupcial de una princesa china. Los grandes jarrones Ming azul y blanco figuran entre las posesiones más preciadas de la novia.

1452-1519   LEONARDO DA VINCI

Nacido en Florencia, Leonardo da Vinci fue uno de los artistas más destacados y respetados del Renacimiento (ver p. 62). No solo fue pintor, sino también escultor, arquitecto, ingeniero, músico e inventor. Da Vinci se adelantó siglos a su tiempo con ideas innovadoras y revolucionarias.

Diseño para Tornillo aéreo, una máquina similar a un helicóptero

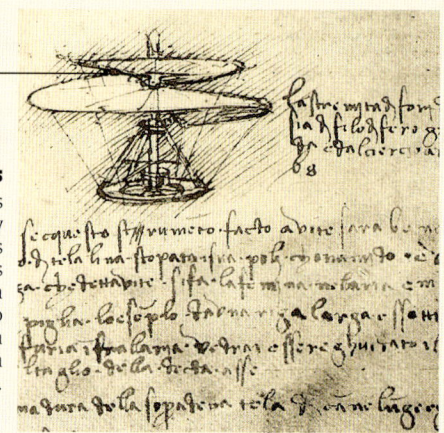

Cuadernos de notas
Da Vinci registró sus ideas, inventos y experimentos en varios cuadernos. Escribía sus notas de derecha a izquierda, para que solo pudieran leerse frente a un espejo, tal vez para guardar el secreto.

 1480

 1490

Meleagro va equipado con una lanza, listo para matar a un monstruoso jabalí.

Bronces dorados
El escultor italiano Pier Bonacolsi era conocido por sus detallados bronces, que se inspiraban sobre todo en las esculturas clásicas. Era frecuente que dorara sus bronces, como se ve en esta escultura del héroe mítico griego Meleagro, de finales del siglo xv.

Incluso las elaboradas sandalias son doradas, evidenciando la gran destreza del artista.

Meleagro

c.1485

La diosa de Botticelli

El nacimiento de Venus, del pintor italiano Sandro Botticelli, muestra a la diosa romana del amor, Venus, emergiendo del mar. Los dioses menores soplan la concha marina hacia la orilla y cubren a la diosa con un manto. El cuadro fue admirado por el visible efecto del viento sobre las figuras.

El nacimiento de Venus

La última cena

c. 1495-1498

Anuncio de una traición

La última cena del pintor italiano Leonardo da Vinci, una gran pintura mural de 9 m de ancho, capta el momento en que Jesús anuncia a sus apóstoles que uno de ellos le traicionará. La expresión de las caras y las poses de sus discípulos reflejan muy bien el efecto causado por la noticia.

Los rostros de los apóstoles reflejan sorpresa e incredulidad cuando Jesús les dice que uno de ellos va a traicionarlo.

1500

1496

Muestra de devoción

Esta obra del artista japonés Sesshū Tōyō es muy distinta de las anteriores pinturas japonesas en tinta (ver p. 51) por el uso de líneas más gruesas y un fondo más detallado. Representa a Huike, un monje budista que se amputa un brazo en señal de lealtad a Bodhidharma, quien fuera el fundador del budismo zen.

Huike invoca a Bodhidharma, que está de cara a la pared en postura zazen (meditar sentado), para que lo acepte como discípulo.

Huike ofrece su brazo a Bodhidharma

Cabeza de mujer

S. XV

Arte yoruba

El arte del pueblo yoruba de Nigeria está influido por sus creencias religiosas, y muchas obras se ejecutan en honor a los *orishas* (espíritus), que a menudo ayudan a los humanos. Se cree que esta elegante cabeza del siglo xv representa a la reina *orisha* Oronsen, también esposa del rey yoruba Rerengejen. Las mujeres eran las encargadas de realizar esculturas de terracota como esta.

1500 ▶ 1520

c. 1503-1519

Sonrisa enigmática

La *Mona Lisa,* cuadro del artista italiano Leonardo da Vinci (ver p. 72) también conocido como *La Gioconda*, ha suscitado debates sobre la identidad de la mujer y su misteriosa sonrisa. Se cree que se trata de Lisa Gherardini, esposa de un comerciante de seda florentino. Da Vinci captó su expresión con la técnica del *sfumato* (ver p. 79), en la que los colores se mezclan para crear una imagen realista con un efecto nebuloso. ¿Y el secreto de su sonrisa? El artista probablemente pagó para que la entretuvieran mientras él pintaba.

c. 1500

La naturaleza de cerca

El artista chino Yin Hong es famoso por su destreza para representar pelajes y plumas. Se le encargó la realización de esta pintura sobre pergamino de seda para decorar un palacio Ming. Los pájaros y las flores simbolizaban las cualidades del emperador y su séquito. Aquí, los faisanes representan la valentía del emperador, mientras que las perdices significan la fidelidad de sus súbditos.

Los pájaros se reúnen bajo el sauce de primavera.

1500

Mona Lisa

1471-1528	ALBERTO DURERO

Alberto Durero nació en Núremberg, en la actual Alemania, y es famoso por sus obras sumamente detalladas y realistas. Sus numerosos viajes le permitieron adquirir grandes conocimientos y técnicas, pero las visitas que realizó a Italia fueron las que más influyeron en su obra. A lo largo de su vida, produjo más de 70 cuadros, 100 grabados y 200 xilografías.

Detalles minuciosos

En *Liebre joven* (1502), Durero esbozó el contorno del animal antes de aplicar una fina capa de acuarela. A continuación, rellenó los detalles del pelaje y los bigotes del animal con sutiles pinceladas de acuarela marrón, negra, blanca y amarilla.

> **"La sencillez es la máxima sofisticación."**
>
> Leonardo da Vinci, 1452-1519

La serpiente era un destacado símbolo de la cultura azteca. Este icono bicéfalo se usaba en los rituales ceremoniales. Fabricado entre los siglos xv y xvi, la talla de madera está cubierta de mosaico de turquesa, de concha de ostra roja y de caracol blanco.

Los afilados dientes son de caparazón de caracol.

 Para los aztecas, la serpiente simbolizaba la fertilidad y el renacimiento porque mudaba la piel.

Ofrenda a Venus

1518-1519

Pintar a una diosa

El artista italiano Tiziano era conocido por sus paisajes, retratos y escenas mitológicas. En *Ofrenda a Venus*, pinta una ceremonia para honrar a esta diosa romana. Mientras los cupidos recogen manzanas, un símbolo de la diosa, las mujeres hacen ofrendas a una estatua de Venus. En el marco de un bello paisaje, esta celebración representa la fertilidad de las mujeres y la naturaleza.

1510 · **1520** »

Unos querubines miran hacia la escena.

Madonna Sixtina

1512-1513

Madonna famosa

La Madonna Sixtina fue una de las últimas pinturas de María realizadas por el artista italiano Rafael. Muestra a María y el niño Jesús saliendo de detrás de unas cortinas, casi como si ella estuviera presentando el niño al espectador.

c. 1500

Figura elaborada

Esta talla de marfil de la China Ming muestra una versión femenina de Guanyin, el *bodhisattva* de la misericordia (ver p. 40). En este caso, sostiene a un niño. Se creía que esta forma de Guanyin tenía el poder de bendecir a las personas con hijos. El artista talló la estatua de una sola pieza de marfil, utilizando la curva natural para mostrar a Guanyin apoyando al niño sobre la cadera.

Guanyin *bodhisattva*

Un incendio incontrolable

***Incendio en el bosque**, 1505, Piero di Cosimo*

En una de las primeras pinturas de paisajes del Renacimiento, el artista italiano Piero di Cosimo representa las dos caras de la naturaleza: su belleza y su poder de destrucción. Mientras un incendio se extiende por el exuberante bosque, el autor capta el miedo y la confusión de las diferentes criaturas que lo habitan. Incluso algunas personas entran en pánico cuando las terribles llamas llegan a sus hogares. Se cree que el pintor se inspiró en un poema del antiguo filósofo y poeta Lucrecio, que describe el comienzo de la civilización cuando la gente superó su miedo al fuego y empezó a darle un buen uso.

En busca de refugio

Los pájaros vuelan hacia un árbol en primer plano, dando sensación de peligro. El autor ha pintado distintas especies, como un halcón peregrino, una becada, una paloma, un águila pescadora, un grajo y una grulla común.

Animales míticos

Justo cuando estaba terminando el cuadro, el autor convirtió las cabezas de un cerdo y de un ciervo en rostros de criaturas mitológicas llamadas sátiros. Este añadido de última hora podría haber sido una broma a petición de la persona que le encargó este cuadro.

Peligro en la cercanía

En la distancia, algunas personas, presumiblemente la familia del pastor, han salido corriendo de casa alarmadas, y señalan el bosque en llamas, mientras otras sacan agua de un pozo para intentar apagar el fuego.

Pastor

Pese al avance de las llamas, el pastor conduce tranquilamente su ganado a un lugar seguro. Di Cosimo lo utiliza para ilustrar cómo la gente dominaba el fuego y lo usaba para trabajar metales, lo que se refleja aquí en el borde metálico del yugo sobre su hombro.

Atención al detalle

Di Cosimo era un pintor muy imaginativo y daba a cada animal una expresión propia, mostrando así su atención por el detalle. Con la lengua fuera, esta vaca brama alarmada.

Infierno ardiente

La forma en que pintó el incendio forestal es muy impresionante. Las chispas blancas y las brasas rojas a través del bosque muestran la intensidad del incendio, convirtiendo los árboles en fuegos artificiales.

Krishna y los pastores del Bhagavata Purana

Collar de ranas

Estas típicas cuentas de oro en forma de rana de *c.* 1500 se elaboraron para servir de collar a nobles aztecas y mixtecas, actual México. Las ranas y las tortugas, que ponen un gran número de huevos, eran símbolos de fertilidad.

1520-1530

Manuscrito indio

Krishna (la figura azul), la forma humana del dios hindú Vishnu, cuida su ganado en esta escena de una versión ilustrada del *Bhagavata Purana*, uno de los primeros manuscritos conocidos de la India. La obra fue realizada por un grupo de pintores, y presenta fondo plano y figuras de perfil, en un estilo popular de la pintura india de la época.

1520

1530

1520-1524

Encuentro de santos

Este cuadro, una de las mejores obras del artista alemán Matthias Grünewald, muestra el encuentro de dos santos: uno, un líder religioso de Europa (izquierda) y el otro, un militar de África (derecha). Los lujosos objetos y ropajes de la escena muestran el poder y la riqueza de la Iglesia católica.

Encuentro de los santos Erasmo y Mauricio

1440-1897   ARTE DE BENÍN

El reino de Benín fue una ciudad-estado en lo que hoy es Nigeria. En el siglo xv era una nación rica, famosa por sus esculturas de bronce magníficamente elaboradas y sus tallas de marfil. El país fue invadido y colonizado por los británicos en el siglo xviii, y su arte fue saqueado para su exhibición en Europa y Estados Unidos. Ahora se están devolviendo muchos de estos objetos de valor incalculable.

Máscara de marfil

Esta máscara del siglo xvi se elaboró para honrar a la madre de un *oba* (rey) de Benín. Allí, los artistas trabajaban solo para el *oba*, y creaban objetos elaborados para su uso en ceremonias importantes.

Máscara de la reina madre

Escultura clásica

Esculpido por Miguel Ángel, este busto de Bruto, uno de los asesinos de Julio César, fue una de las primeras esculturas que revivieron el estilo clásico de la antigua Roma. Al esculpir a Bruto, enemigo de un famoso líder, Miguel Ángel mostraba su ira hacia la familia Medici, los poderosos gobernantes de la Florencia de aquella época.

1540

Busto de Bruto

"Cada bloque de piedra tiene una estatua en su interior y es tarea del escultor descubrirla."

Miguel Ángel, 1475-1564

TÉCNICAS PICTÓRICAS DEL RENACIMIENTO

Los artistas del Renacimiento utilizaron varias técnicas para dotar de realismo a sus pinturas. Las más destacadas fueron la perspectiva, el escorzo, la proporción (basadas en principios matemáticos), el claroscuro y el esfumado, que juegan con el color y el sombreado. Estas técnicas permitían a los artistas crear una sensación de profundidad, dando a sus obras una apariencia de tridimensionalidad.

Esfumado y claroscuro

La *Virgen de las Rocas* de Leonardo da Vinci (1491-1508) muestra dos técnicas diferentes. El esfumado, basado en el sombreado suave y natural, fue ideado por este artista italiano. Combina un entorno natural oscuro y figuras brillantes, creando un efecto ahumado único. El artista también utilizó el claroscuro, en el que los contrastes de luz y sombra crean profundidad y atmósfera.

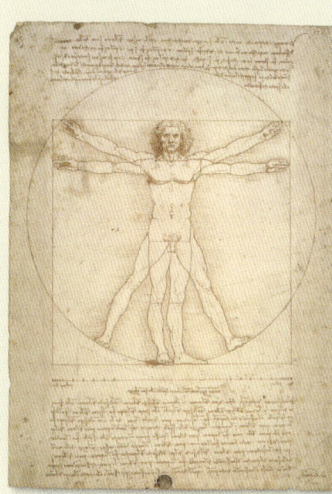

Proporción

Leonardo ideó una manera de crear proporciones corporales realistas basándose en las ideas de los antiguos griegos y romanos. En *Hombre de Vitruvio* (*c.*1490), muestra cómo la altura de una persona debe ser igual a la longitud de sus brazos extendidos.

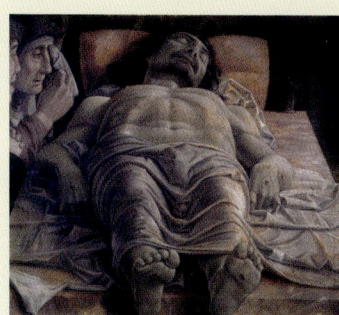

Escorzo

En *Lamentación sobre Cristo muerto* (*c.*1480), el artista italiano Andrea Mantegna utiliza el escorzo para lograr un efecto dramático. La técnica muestra cómo una figura humana o un objeto parecen distorsionados al observarse desde un ángulo inusual.

Perspectiva

En *El pago del tributo* (*c.*1427), el pintor italiano Masaccio emplea la perspectiva para crear la sensación de distancia colocando las figuras humanas y los edificios en líneas que confluyen en un único punto llamado punto de fuga. Aquí se han trazado líneas verdes para mostrar que este punto está situado en la imagen central de Jesucristo.

Retrato político

Los embajadores, del artista alemán Hans Holbein el Joven, es un retrato de tamaño natural de dos hombres franceses que fueron enviados a la corte de Enrique VIII de Inglaterra para tratar de evitar la guerra entre ambos países. Las ricas telas de sus vestimentas demuestran que se trata de personas pudientes, y los numerosos objetos que Holbein incluye en la escena indican que también eran cultos. Cada objeto tiene su propio significado. Los instrumentos científicos y los globos terráqueos hacen referencia a los progresos de los conocimientos y de la exploración del mundo, mientras que la cuerda rota del instrumento musical sugiere la falta de armonía en la Iglesia. Cuando se observa desde un lado, la forma distorsionada de la parte inferior se convierte en una calavera. No se sabe por qué Holbein la incluyó aquí, pero las calaveras en el arte son un símbolo de mortalidad, un recordatorio de que un día moriremos.

Hans Holbein fue llamado «el Joven» para distinguirlo de su padre, Hans Holbein el Viejo, que también fue un destacado pintor alemán.

c. 1540

Miniatura persa

El artista persa Mir Sayyid Ali era famoso por sus lujosas miniaturas, una reputación que le llevó incluso al norte de la India, donde ayudó a desarrollar la pintura mogol (ver p. 97). *Noche en la ciudad*, obra típica de su estilo, está repleta de historias fascinantes y personajes pintorescos.

Noche en la ciudad

Los rostros siempre aparecen de perfil de tres cuartos.

Las manos siempre se representan con el pulgar separado de los otros dedos.

1540

Las miniaturas persas se pintaban con finos pinceles hechos con el fino pelo de la cola de ardillas y gatos.

Las varas rojas identifican a la gente como safávidas, una dinastía persa del siglo XVI.

Toda la escena se desarrolla sobre un plano, sin perspectiva alguna.

Pintura zen

Los monjes chinos Hanshan y Shide eran un tema popular de la pintura budista zen de Japón. Shide era conserje en un templo budista, y Hanshan, un poeta. Las representaciones de esta pareja descarada y excéntrica suelen mostrarlos juntos y riendo.

Hanshan y Shide

Última Cena

1547

Arte protestante

El artista alemán Lucas Cranach el Viejo apoyó la Reforma protestante. En su representación de la *Última Cena*, Cranach incluye a la principal figura de la Reforma, Martín Lutero (sentado a la derecha), como uno de los apóstoles de Jesús. El portador de la copa puede ser el propio artista.

Mandalas

Un mandala es una obra de arte que ayuda a comprender las enseñanzas y la historia religiosas. Este del siglo xvi muestra a Miroku Bosatsu, el fundador del budismo *hossō* nipón, y a quienes llevaron el budismo de la India y China a Japón.

Miroku Bosatsu está sentado en una flor de loto, el símbolo de su despertar espiritual.

El nombre de cada persona está escrito junto a su imagen.

Mandala hossō

 **1550** ·  **1560** ▸▸

1556

Autorretrato

Se cree que la artista italiana Sofonisba Anguissola fue la primera pintora profesional del Renacimiento. También fue pionera en combinar un autorretrato ante el caballete mientras pinta a la Virgen con el Niño. Aquí se ve a Anguissola sosteniendo un tiento (varita) con la mano izquierda para dar firmeza a la derecha mientras pinta.

Un puesto de carne con la Sagrada Familia dando limosna

Los objetos cruzados, como estos peces, representan el crucifijo.

1551

Dos cuadros en uno

El artista neerlandés Pieter Aertsen inventó los «bodegones a lo divino», cuadros en los que pintó un tema religioso junto a elementos propios de un bodegón. Aquí, detrás de un gran puesto de carne, Aertsen muestra en la distancia a María y José dando limosna a unos mendigos.

Autorretrato ante el caballete

El mundo al revés

Significa que todo es lo contrario de lo que debería ser. Al colocar un globo terráqueo con una cruz debajo en un lugar destacado del cuadro, Bruegel está señalando que el mundo cristiano está lleno de tontos, como muestra su escena.

Correr como un loco

Un campesino se apresura a impedir que se consuman sus cultivos mientras su trasero está en llamas. Esto se refiere a lo tonto e inútil que es correr de un lado a otro cuando no hay escape. Una mejor solución es calmarse e intentar resolver el problema.

Ponerle el cascabel al gato

En una fábula de Esopo, un grupo de ratones decide colocarle un cascabel al cuello de un gato para saber cuándo se acerca. El fracaso de su plan es el origen de este proverbio, que significa «intentar una tarea imposible».

Darse de cabeza contra la pared

Significa la frustración por no poder modificar algunas situaciones, pese a muchos intentos. Seguir insistiendo solo aumenta el dolor y la sensación de fracaso.

Cuentos y refranes

Proverbios flamencos, 1559, Pieter Bruegel el Viejo

Este óleo sobre madera es un ejemplo muy apreciado de la obra del artista flamenco Pieter Bruegel, rica en detalles y a menudo humorística. A primera vista, parece una escena de un pueblo bullicioso. Pero, si se mira en detalle, se descubre que Bruegel ha representado de forma ingeniosa más de 100 proverbios (dichos populares), algunos incluidos en las *Fábulas de Esopo*, famosas historias de la antigua Grecia. Aunque los proverbios son de origen flamenco, se refieren a situaciones universales y algunos de ellos ofrecen sabios consejos.

Lanzar plumas al viento

Este pobre hombre se esfuerza por llevar una cesta con plumas en un día de viento, tarea inútil, ya que todas salen volando. Este proverbio advierte sobre el peligro de empezar una tarea sin pensarlo mucho.

El pez grande se come al pequeño

Esta cruda escena transmite un mensaje sombrío: los fuertes tienden a aprovecharse de los débiles. Un proverbio similar («Siempre hay un pez más gordo») sugiere que por bien que te vaya en la vida, seguramente haya alguien con más éxito.

No llores por la leche derramada

Un hombre se da cuenta de que no puede recoger la leche derramada. Significa que no sirve de nada llorar y lamentarse ante un hecho consumado. Las consecuencias de un acto no cambiarán por mucho que uno pueda intentar revertirlo.

c. 1560

Estilo realista

Caterina van Hemessen es la primera pintora flamenca cuya obra ha sido identificada. Fue sobre todo una retratista que se caracterizó por su realismo. En este retrato, presta especial atención a los detalles del tocado, el cuello de encaje, las mangas fruncidas y los botones metálicos.

Retrato de una joven dama

Partida de caza

Mirza 'Ali fue un artista persa que se trasladó a la India, convirtiéndose en un maestro de miniaturas mogoles (ver p. 97). En esta pintura a gran escala de *c.* 1570, una partida de caza real se detiene a descansar.

El halcón, usado en la caza, está posado en el brazo del asistente real.

En este cuadro se pueden identificar unas 80 especies de flores.

1560

c. 1563-1573

Retrato peculiar

El pintor italiano Giuseppe Arcimboldo es conocido por sus imaginativos y humorísticos retratos hechos, entre otros, con flores, alimentos o animales. Esta obra representa la primavera, y forma parte de un conjunto llamado *Las cuatro estaciones*. Arcimboldo trabajó para la corte alemana de los Habsburgo, donde el área de las plantas y de los animales eran ciencias de gran interés. Esto le dio acceso a una gran colección de flora y fauna excepcionales para sus estudios.

 La corte de los Habsburgo permitió a Arcimboldo desarrollar otras actividades además de pintar. También diseñó trajes y organizó bailes extravagantes.

1520-1590 MANIERISMO

Hacia 1520 surgió en Europa un estilo artístico llamado manierismo. Fue tanto una influencia como una reacción frente al Renacimiento. Como los nuevos artistas sentían que no podían mejorar las técnicas de pintores renacentistas como Leonardo da Vinci, probaron nuevas maneras de expresarse. Su estilo se caracterizó por el uso de formas alargadas, espacios y escenarios insólitos, y colores poco naturales.

Desproporcionados

Pintada por el artista italiano Parmigianino a finales de la década de 1530, *La virgen del cuello largo* muestra unas proporciones exageradas tanto de María y del niño Jesús, como del grupo de figuras del lado izquierdo del cuadro.

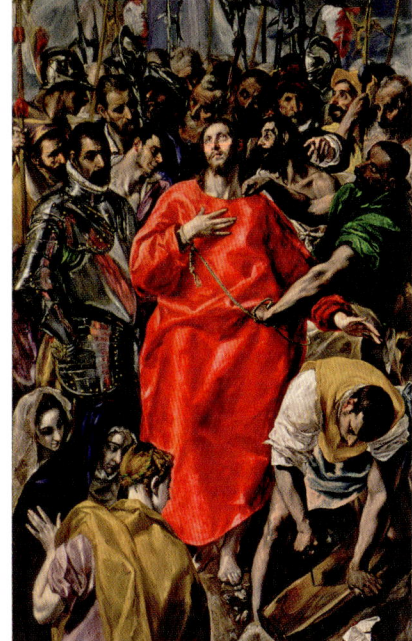

El Expolio

1577-1579

Cuadros de El Greco

Un pintor de Creta, Doménikos Theotokópoulos, recibió el nombre de El Greco cuando se trasladó a España. Era un manierista que usaba temas impactantes y una iluminación colorida, como en esta representación de Cristo antes de la crucifixión.

1570

1580 ▶▶

Paisaje con gibones

c. 1570

Fauna salvaje

Los gibones, una especie de mono, eran un tema común en el arte japonés por su carácter descarado. El autor de este par de biombos, el monje budista zen Sesson Shūkei, ha ilustrado la fútil tarea de los gibones al intentar atrapar el reflejo de la luna en el agua a sus pies. La escena hace referencia a la enseñanza zen sobre lo fácil que es ser engañado.

Final s. XVI

Rey a caballo

Se desconoce la identidad exacta del personaje de esta escultura de cobre, pero se cree que es el rey de Idah, que gobernaba al pueblo de los igala en lo que hoy es el centro de Nigeria. La corona de plumas es un símbolo de su alto rango y los caparazones de cauri representaban la prosperidad.

Gobernante a caballo

1580 ▶ 1600

Arte popular ruso

El velo del cáliz es el paño para cubrir la copa de vino de los servicios religiosos. En Rusia, las campesinas solían bordarlos con gran esmero como pasatiempo vespertino tras trabajar todo el día en el campo.

Velo del cáliz

Este ejemplar brilla por estar hecho de hilos metálicos.

Pinos

Tinta japonesa

El uso de la técnica del *sumi-e* (tinta china) era considerado como una de las mayores pruebas de destreza de un artista. Requería un gran control del pincel y un adecuado equilibrio entre el agua y la tinta.

Fines s. XVI

Pincelada elegante

Hasegawa Tōhaku fue un artista japonés del período Azuchi-Momoyama. Este cuadro es un ejemplo de su estilo *kotan*, que significa «sencillez elegante». Utilizó varios pinceles atados, así como una vara de bambú astillada, para que pareciera un bosque brumoso.

1580 ● ○ 1590

1584-1585

Cambio de estilo

Los cuadros del Barroco (ver pp. 92-93) eran, por lo general, impactantes y recargados, pero algunos artistas también realizaron obras más sosegadas basadas en la vida cotidiana. Muchas pinturas del italiano Annibale Carracci muestran escenas de la Biblia o de la mitología griega o romana, pero *Hombre comiendo judías* es muy diferente. Representa a un hombre corriente comiendo un plato sencillo. En esta obra, Carracci cambió su estilo barroco habitual por una pincelada áspera y rota que encajaba mejor en una escena rural.

El bodegón se ha combinado hábilmente con el retrato.

Hombre comiendo judías

Baco enfermo

1593-1594

El artista como modelo

Uno de los primeros pintores del Barroco (ver pp. 92-93), el artista italiano Caravaggio, es conocido por la técnica del claroscuro, el contraste de luces y sombras. En esta obra temprana, usó un espejo para representarse a sí mismo como el dios grecorromano del vino y la fiesta.

1552-1614   LAVINIA FONTANA

La pintora italiana Lavinia Fontana se ganó la vida como artista en una época en la que apenas había mujeres pintoras. Fue una de las retratistas manieristas más importantes de Bolonia, Italia, y su marido, Gian Paolo Zappi, también artista, fue su ayudante. Además, se encargó de los 11 hijos que tuvieron, mientras ella trabajaba, lo que era muy inusual en la época.

Retrato de familia
Esta pintura, que muestra a Bianca degli Utili Maselli y a seis de sus 19 hijos, es uno de los mejores cuadros de Fontana. Pintado a principios del siglo XVII, la artista representa con gran habilidad los detalles de las joyas, los peinados y las diferentes texturas de las costosas indumentarias.

1600

Final s. XVI

Medallón de marfil

Este medallón de marfil, realizado en China, tiene el tamaño de una manzana. Se desconoce su finalidad, pero el complejo y minucioso tallado tridimensional muestra la gran habilidad del artista. En la escena aparece un erudito y sus ayudantes regresando a casa a la luz de la luna después de una excursión de primavera.

Los elefantes se extinguieron en China, en parte por el comercio de marfil. Actualmente está prohibido para proteger las poblaciones de elefantes que quedan en el mundo.

Las flores de loto, peonía e hibisco nos indican que es primavera.

Regreso de una excursión de primavera

1600-1800

Cuando el Renacimiento dio paso al Barroco en Europa, el arte se volvió más efectista y espectacular. En Japón, se popularizó la xilografía, que dio lugar a la creación de elaboradas escenas de la vida cotidiana y de los cuentos populares. En el subcontinente indio, el arte se desarrolló bajo los mogoles, produciendo obras y edificios decorados con piedras preciosas brillantes y animadas pinturas sobre los mitos y la vida cortesana. Hacia el siglo XVIII, los artistas europeos volvieron a inspirarse en los estilos clásicos de la antigua Grecia y Roma.

Para teñir los tejidos, se usaban tintes vegetales, como el indigo, y pigmentos de arcillas y carbón vegetal.

Túnica de África occidental

1600

Túnicas reales

Los tejidos son parte importante de la cultura y la tradición africanas. Con diseños y motivos distintivos, reflejan la rica historia de África. En el centro-oeste del continente, los tejidos eran un símbolo de riqueza, especialmente demandados por la realeza y por personajes relevantes. También eran objeto de comercio con otros países, como esta túnica real del Reino de Ardra (actual Benín), que fue exportada a Europa a mediados del siglo XVII.

1600-1750   ARTE BARROCO

En el siglo XVII, surgió un nuevo movimiento artístico llamado Barroco que se centraba en el dramatismo, el movimiento y el realismo utilizando colores ricos y profundos. Mientras que la pintura del Renacimiento se había esforzado en mostrar unas proporciones (ver p. 79) equilibradas, el arte barroco se dispuso a atraer los sentidos y emociones del espectador. Nacido en Italia, pronto se extendió por toda Europa y fue especialmente popular en la Iglesia católica.

La guarida de las bestias
En *Daniel en el foso de los leones* (c. 1614-1616), el artista neerlandés Peter Paul Rubens utiliza una iluminación efectista, junto con las emociones de Daniel, para captar la atención del espectador. Los leones gruñendo parecen reales, dando al espectador una sensación de peligro.

1600

1615

Dios del viento y Dios del trueno

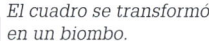

El cuadro se transformó en un biombo.

1615

Palomas y dragones
En este manuscrito ilustrado, el artista armenio Mesrop de Khizan representa el bautismo de Jesús de manera original. Junto con la paloma, que en el arte occidental representa el Espíritu Santo, muestra a Jesús sobre un *vishap*, dragón que simboliza el agua, la riqueza y el poder.

Inicio s. XVII

Fuerzas naturales

Dos deidades sintoístas, Raijin, dios del rayo y el trueno (izquierda), y Fujin, dios del viento (derecha), se enfrentan en esta pintura del artista japonés Tawaraya Sōtatsu. Usando tinta y color sobre una lámina de pan de oro, el artista aplica trazos amplios y audaces que resaltan los contornos y las expresiones feroces de los dioses. La mezcla de pintura plateada y tinta negra produce el efecto de nubes tormentosas mientras los dioses flotan en el aire.

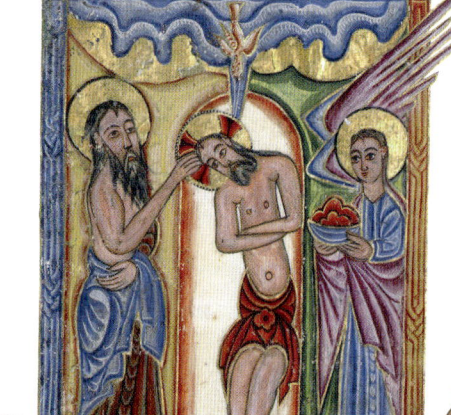

El Bautismo de Cristo

Matar al gigante

El *David* (1623-1624) del escultor italiano Gian Lorenzo Bernini capta brillantemente el movimiento y la tensión mental del héroe, mientras reúne fuerzas y valor para atacar al gigante Goliat. La emoción y la concentración del rostro parecen dar vida a la estatua.

Impactante revelación

En *Cena de Emaús* (1601), el fuerte contraste de luces y sombras, junto con gestos exagerados, ayudan al artista italiano Caravaggio a captar el dramático momento en que el recién resucitado Jesús se revela a dos de sus desprevenidos discípulos.

Caravaggio utiliza la técnica del escorzo (ver p. 79) para dar la ilusión de que la mano se proyecta hacia el espacio.

(ver p. 79)

1630 ▶▶

Inicio s. XVII

Recital de poesía

Estos azulejos de Persia (actual Irán) representan un pícnic en un jardín exuberante, en el que las dos personas del centro se recitan poemas. El artista ha utilizado esmaltes al agua para pintar los azulejos. Los esmaltes están separados por una sustancia cerosa para evitar que los colores se mezclen al cocerlos en el horno, lo que produce líneas y colores nítidos.

El hombre escribe en un libro de poesía llamado safina.

Las túnicas coloridas y estampadas, y las fajas de seda son típicas de los trajes del arte persa del siglo XVII.

Recitando poesía en un jardín

A la caza de demonios

El artista chino del siglo XVII Zheng Zhong es conocido por sus pinturas de paisajes y temas budistas. La obra de Zheng *Buscando demonios en las montañas,* un rollo de pergamino de 8 m de ancho que se lee de derecha a izquierda, representa la leyenda de Erlang, el semidiós chino responsable de controlar las inundaciones. La pintura describe al héroe guerrero y a su ejército persiguiendo las tropas de animales salvajes y demonios, así como a un feroz dragón que ha provocado una inundación. En esta escena, Erlang está sentado bajo un árbol sosteniendo su famosa espada de doble filo para matar dragones mientras sus ayudantes le traen noticias. Cerca aparecen otros cazadores de demonios, identificables por sus pies en garras.

Fragmento de Buscando demonios en las montañas

La peligrosa aventura de Erlang
se desarrolla en muchas escenas en
un rollo continuo, ejemplo clásico
del **arte de la narrativa china.**

1630 ► 1660

Moisés niño pisa la corona del faraón

c. 1634
Pintura literaria
Tawaraya Sōtatsu fue uno de los fundadores de la escuela Rimpa de arte japonés, que combinaba poesía y pintura. En su ilustración de un episodio de los *Cuentos de Ise*, del siglo X, el poema (arriba a la derecha) describe lo que muestra la escena.

Monte Utsu de los Cuentos de Ise

c. 1645-1646
Contra la tradición
El artista francés Nicolas Poussin plasmó en sus cuadros motivos o temas inusuales. En esta obra ofrece una visión distinta de la historia bíblica de Moisés. La escena muestra a Moisés niño pisoteando la corona del faraón para sorpresa de los transeúntes, en una sugerencia de que un día derrocaría al faraón.

La infanta Margarita en azul

1659
Retrato de una infanta
Utilizando una paleta azul intenso, oro y plata, el artista de la Corte española Diego Velázquez retrató a la infanta Margarita, la hija de ocho años de Mariana de Austria y del rey Felipe IV de España, con su refinada indumentaria. Este retrato se envió a su futuro esposo para mostrar qué aspecto tenía.

1630 ● ● ● ○ ● **1660**

1642
Obra maestra neerlandesa
El artista neerlandés Rembrandt era célebre por la gran expresividad de sus pinturas. Una de las más famosas, *Ronda de noche*, muestra a una milicia de la ciudad de Ámsterdam preparándose para una ronda nocturna. El artista utiliza la luz con maestría para realzar las figuras más importantes de la composición, entre ellas una niña.

1593-1653 ARTEMISIA GENTILESCHI

La artista italiana Artemisia Gentileschi es una de las pintoras más célebres del siglo XVII. En una época en la que no se animaba a las mujeres a perseguir objetivos artísticos, Gentileschi se convirtió en la primera mujer en ser designada miembro de la Academia de las Artes del Dibujo de Florencia, Italia. Su obra es ejemplo del estilo predominante en el Barroco (ver pp. 92-93).

Autorretrato
En *Autorretrato como alegoría de la pintura* (1638-1639), Gentileschi combina dos elementos: un autorretrato y una representación de una mujer pintora, algo muy raro en la época. La artista se presenta con valentía como el ejemplo perfecto de lo que significa ser pintor.

Ronda de noche

1580-1650   ARTE MOGOL

El Imperio mogol gobernó en el subcontinente indio durante más de 300 años, entre 1526 y 1857. En el punto álgido de su reinado, en el siglo XVI, las cortes mogolas se hicieron famosas por albergar a artistas de diferentes tradiciones culturales y religiosas. Durante esta época se desarrolló un estilo artístico único a partir de la combinación de tradiciones pictóricas y decorativas hindúes, persas e incluso europeas. Surgió así un rico arte mogol que incluía pinturas, artesanía, ornamentos y arquitectura.

Frasco decorado

Este frasco en forma de cuerno del siglo XVII se diseñó para contener pólvora. Está hecho de madera, a diferencia de otros recipientes similares, que eran de marfil. Decorado con una capa de laca azul y negra, presenta elaborados motivos florales dorados típicos del arte mogol.

Pinturas en miniatura

Los artistas mogoles eran conocidos por sus miniaturas. Pintaban estas pequeñas ilustraciones para libros o para un *muraqqa*, un álbum que combina pinturas con caligrafía. Durante el reinado del emperador Shah Jahan, las miniaturas solían representar retratos y escenas cortesanas, como esta realizada en 1630, en la que el emperador acepta un halcón como regalo.

Los motivos en azul y negro proporcionan un fondo oscuro para la decoración dorada.

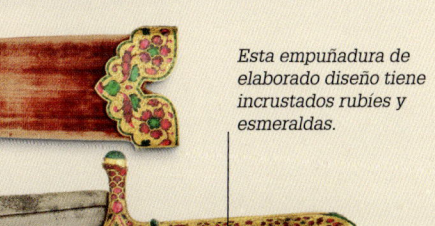

Esta empuñadura de elaborado diseño tiene incrustados rubíes y esmeraldas.

Daga enjoyada

Esta daga y la vaina (funda) se fabricaron probablemente durante el reinado del emperador mogol Jahangir (1605-1627). Era conocida su afición por las flores, y el diseño floral es típico del arte realizado durante su reinado. Las partes decorativas son de oro, con piedras preciosas y vidrios de colores engastados.

Mármol con incrustaciones

Las flores eran un motivo popular del arte mogol, ya que reflejaban la idea islámica del paraíso como un hermoso jardín. Los artesanos mogoles incrustaban piedras preciosas en el mármol en un estilo llamado *parchin kari*, que también usaban para decorar edificios. El ejemplo más famoso es el Taj Mahal, que alberga el panel que se muestra aquí.

1660 ▶ 1680

1666-1668

Pintar al pintor

El neerlandés Johannes Vermeer es célebre por pintar escenas de interiores con personas iluminadas por la tenue luz de una ventana. En *El arte de la pintura*, el artista representa una habitación bellamente decorada, en lugar de un estudio desordenado, con lo que da una visión idealizada de lo que significa ser pintor.

La cortina engaña al espectador haciéndole creer que está entrando en la habitación.

"Creó un mundo más perfecto de lo que nadie había presenciado."

Walter Liedtke, historiador del arte sobre Vermeer

El arte de la pintura

TRAMPANTOJO

El término trampantojo (del francés *trompe l'oeil,* «engaña el ojo») define una técnica pictórica tan realista que engaña al espectador y le hace preguntarse si lo que está viendo es real y no una mera representación. La técnica comenzó en la antigua Grecia y se popularizó durante el Renacimiento, alcanzando su apogeo con los pintores flamencos y neerlandeses del siglo XVII. A estos maestros del ilusionismo les gustaban temas como papel doblado, gente saltando por ventanas y frutas listas para comer.

Solo una ilusión

En *Vanitas* (1664), el artista flamenco Cornelis Norbertus Gijsbrechts crea la ilusión de que el lienzo se desprende del marco. La obra es un ejemplo del género pictórico llamado «vanitas», que utiliza objetos, como las calaveras, para simbolizar la certeza de la muerte.

Fuera del marco

Huyendo de la crítica (1874) es la obra más célebre del pintor catalán Pere Borrell del Caso, y un ejemplo clásico de trampantojo. En su afán por evitar una reprimenda, el niño parece salirse del marco del cuadro.

Tugra *del sultán otomano* Mehmed IV

Fines s. XVII

Caligrafía turca

Los calígrafos turcos fabricaban sus propias plumas, tintas y papel. Crearon una forma de arte única en la que las palabras se transformaban en dibujos con colores intensos. Ejemplos de esta caligrafía son las *tugras*, sellos caligráficos o firmas de los sultanes del Imperio otomano (actual Turquía) que incorporaban el nombre del sultán y otros símbolos del imperio (aquí resaltados en oro).

La flor de color turquesa y oro añade un elemento decorativo a la firma real.

Recipiente inca

En sus reuniones sociales, el pueblo inca de América del Sur usaba recipientes como este vaso del siglo XVII, llamado *kero*, para beber chicha, una cerveza hecha con maíz. Muestra a personas vestidas con indumentaria inca y occidental.

Plantas y felinos decoran la parte inferior del recipiente.

1670

1672

1680

Clase revoltosa

El artista neerlandés Jan Steen pintó escenas bulliciosas de la vida cotidiana. Era conocido por su atrevido sentido del humor y su habilidad para contar historias a través del arte. En este cuadro, los niños causan destrozos, pelean, destruyen libros y saltan sobre los pupitres delante de las narices de un profesor dormido.

Este niño está de pie sobre el pupitre, cantando alegremente.

Las caóticas pinturas de Jan Steen inspiraron la expresión neerlandesa «una casa Jan Steen», que se refiere a «una casa desordenada».

Aula bulliciosa con el maestro de escuela dormido

Visita al templo

Este puente arqueado de madera que atraviesa un río conduce a una *sekiya* (puerta), la entrada a un templo budista. Genji ha bajado de su carruaje y se dirige hacia allí. Tanto aquí como en el resto de la pintura, los árboles se utilizan para separar los episodios de la historia.

Partido de fútbol

En una famosa escena del cuento, Kashiwagi, rival de Genji, está jugando a *kemari* (un tipo de fútbol) con sus cortesanos. Cuando un gato sale corriendo de detrás de un biombo, Kashiwagi ve a la esposa de Genji, la Tercera Princesa, y se enamora de ella.

Historia de primavera

Escenas de La historia de Genji, 1677, Kan Tsunenobu

La historia de Genji es un clásico de la literatura japonesa, escrito en el siglo XI por Murasaki Shikibu, una poetisa y dama de compañía de la Corte imperial. La novela narra las aventuras cortesanas del héroe, el príncipe Genji, y fue un tema común de las pinturas de vibrantes colores de los biombos, como este realizado por Tsunenobu, un artista de la escuela de Kanō, el estilo dominante en el arte japonés del siglo XV al XIX. Las 12 escenas pueden seguirse en cualquier orden.

Flor de primavera
La flor del cerezo (sakura) ocupa un lugar especial en el arte y la cultura japoneses. Simboliza la esperanza y la renovación, pero, como solo dura dos semanas, también representa la brevedad de la vida, un recordatorio de que hay que detenerse y apreciar el momento.

Techo abierto
El artista utiliza la técnica del _fukinuki yatai_ («techo abierto») para dar una vista del interior de los edificios. Las paredes interiores presentan detallados paisajes monocromos, que contrastan con el colorido de la acción principal.

Concierto
En esta escena, Genji ha organizado un concierto para el emperador protagonizado por las mujeres músicas de la corte. Dos de ellas tocan el _koto_, un instrumento de cuerda pulsada, considerado el instrumento nacional de Japón.

1680 ▶ 1700

📢 El *simurgh*, que significa «30 pájaros» en persa, es una criatura mítica similar al ave fénix que simboliza la unión entre el cielo y la tierra en la poesía sufí.

El árbol en flor indica la primavera.

Antología de poesía persa

c. 1680

Arte safávida

Cetreros cazando en primavera es un tema frecuente en el arte islámico. Aquí se puede ver a uno de ellos sentado en un árbol en flor con el pájaro mítico persa llamado *simurgh*, que vuela por encima de él. Esta ilustración, realizada en papel salpicado de oro, forma parte de una *safina*, que significa «barco», un libro estrecho y alargado que recoge una antología de poemas de la dinastía safávida de Persia (actual Irán).

c. 1690

Miniaturas indias

La pintura de Basohli es un estilo de miniaturas que se desarrolló en los estados del Himalaya de la India. Estas pinturas se caracterizan por sus bordes rojos y sus colores vivos. Un artista desconocido capta un momento de devoción personal de un marajá ciego meditando.

Marajá Sital Dev en devoción

1680

1690

c. 1681

Pintora imaginativa

La retratista inglesa Mary Beale estudió diferentes técnicas e incluso pintó sobre materiales inusuales como sacos y bolsas de cebolla. En *Retrato de una joven,* experimentó al pintar un retrato en una sola sesión, resultando una obra libre e informal.

Retrato de una joven

c. 1690

Primeras estampas japonesas

El artista japonés Sugimura Jihei era famoso por retratar emociones profundas en sus estampas. Este ejemplo se centra en el héroe popular Kumagai Renshobo, que se hizo monje por su remordimiento por haber matado a un guerrero de 15 años llamado Taira no Atsumori en una batalla. Representa a Renshobo imaginando a Taira aún vivo y con sus padres.

La visión de Kumagai Renshobo

ARTE DE LA XILOGRAFÍA JAPONESA

Las estampas se importaron de China y se popularizaron en Japón durante el período Edo (1603-1867). Inicialmente empleada para las escrituras sagradas budistas, pronto los artistas usaron esta técnica en escenas e historias cotidianas en un estilo conocido como *ukiyo-e* («imágenes del mundo flotante»). La realización de la estampa requería varios artesanos.

Cinceles

Grabar
En primer lugar, el artista hacía un dibujo sobre papel semitransparente. Un grabador colocaba el papel sobre una plancha de madera, y cincelaba el dibujo de forma que las líneas sobresalieran, como se ve aquí. Luego, el impresor aplicaba a la plancha acuarela o tinta.

Imprimir
La plancha impregnada de pintura se presionaba sobre el papel para transferir la imagen del modelo. Solo podía empaparse con un único color, por lo que las escenas multicolores, como *Disfrutando del atardecer* (1906) de Yamamoto Shoun, requerían una plancha de madera para cada pigmento.

1700

Final s. XVII

Tríptico etíope

Un tríptico es una pintura que está distribuida en tres paneles, utilizada en ceremonias religiosas. Este tríptico cristiano de Etiopía muestra a María y el niño Jesús en el centro rodeados de los apóstoles, mientras que los otros dos paneles representan historias de la Biblia. Los personajes tienen los ojos grandes y expresivos, un rasgo distintivo del arte cristiano de la Etiopía de la época.

Panel central del tríptico con María y su hijo y Cristo enseñando a los apóstoles.

Pequeños puntos de pintura crean diferentes estampados en las túnicas.

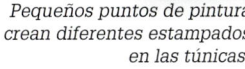

Se creía que la pintura de un panel representaba en realidad a la persona sagrada retratada.

103

La bondad de Krishna

Krishna levanta el monte Govardhan, c. 1690, Sahībdīn

Un cuento muy querido de la mitología hindú cuenta la historia de Krishna, la forma humana del dios Vishnu y de Indra, dios de la lluvia. Cuando Krishna descubre que la gente que vive junto al monte Govardhan está adorando a Indra, les pide que dejen de hacerlo. Como castigo, Indra, furioso, desencadena una terrible tormenta que inunda el pueblo. Krishna, conocido por su bondad, levanta el monte para proteger a la gente y sus vacas. El artista indio Sahībdīn utiliza *gouache* sobre papel para producir los colores apagados que se ven aquí. Esta técnica es característica de la escuela de pintura india de Bikaner, muy influida por el arte mogol.

Krishna, el protector

Sereno y relajado, Krishna se halla en el centro levantando la montaña con un dedo, mientras aguanta su flauta con la otra mano. Sostiene la montaña durante siete días sin moverse, utilizando su fuerza divina.

Luces y sombras

La parte más oscura del cuadro son las nubes de lluvia que surcan el cielo. La luz de la montaña destaca los detalles de los árboles, con una combinación de sombras claras y oscuras que resalta cada hoja. Al fondo se ve el pueblo.

Seguidoras de Krishna

Las mujeres muestran a Krishna su agradecimiento y le entregan regalos. Cada mujer es una *gopi*, «pastora de vacas», que se ha enamorado de Krishna. Sus rostros muestran la falta de miedo, ni siquiera de la tormenta, subrayando su fe y devoción hacia su protector.

Monte Govardhan

Las zonas verdes entre las rocas indican que la montaña es un lugar ideal para el pastoreo de ganado vacuno. El nombre de la montaña se traduce como «vaca» por *go* y «alimento» por *vardhan*.

Llegada de la tormenta

El dios de la lluvia Indra (arriba) asoma entre las nubes de tormenta que ha creado, acompañado de un sirviente y montado en Airavata, su elefante. Las patas de este están ocultas por la masa de nubes oscuras a su alrededor.

1700 ▶ 1730

1703

Retrato espectacular

El artista francés Nicolas de Largillière es famoso por sus notables retratos. Este cuadro está considerado una de sus mejores obras. Aunque se desconoce la identidad de la mujer, su vestimenta es típica de la aristocracia de la ciudad de Estrasburgo de la época. Largillière plasma la delicada tez y los encajes blancos, que destacan sobre su indumentaria y sombrero negros.

La hermosa dama de Estrasburgo

▶▶ 1700

Estatuillas de jade Qing

Estas figuras de jade del siglo XVIII de dos sirvientes son tallas típicas de los talleres del emperador en el período Qing de China. Fueron realizadas, muy probablemente, como un conjunto, pero se descubrieron por separado con unos 80 años de diferencia.

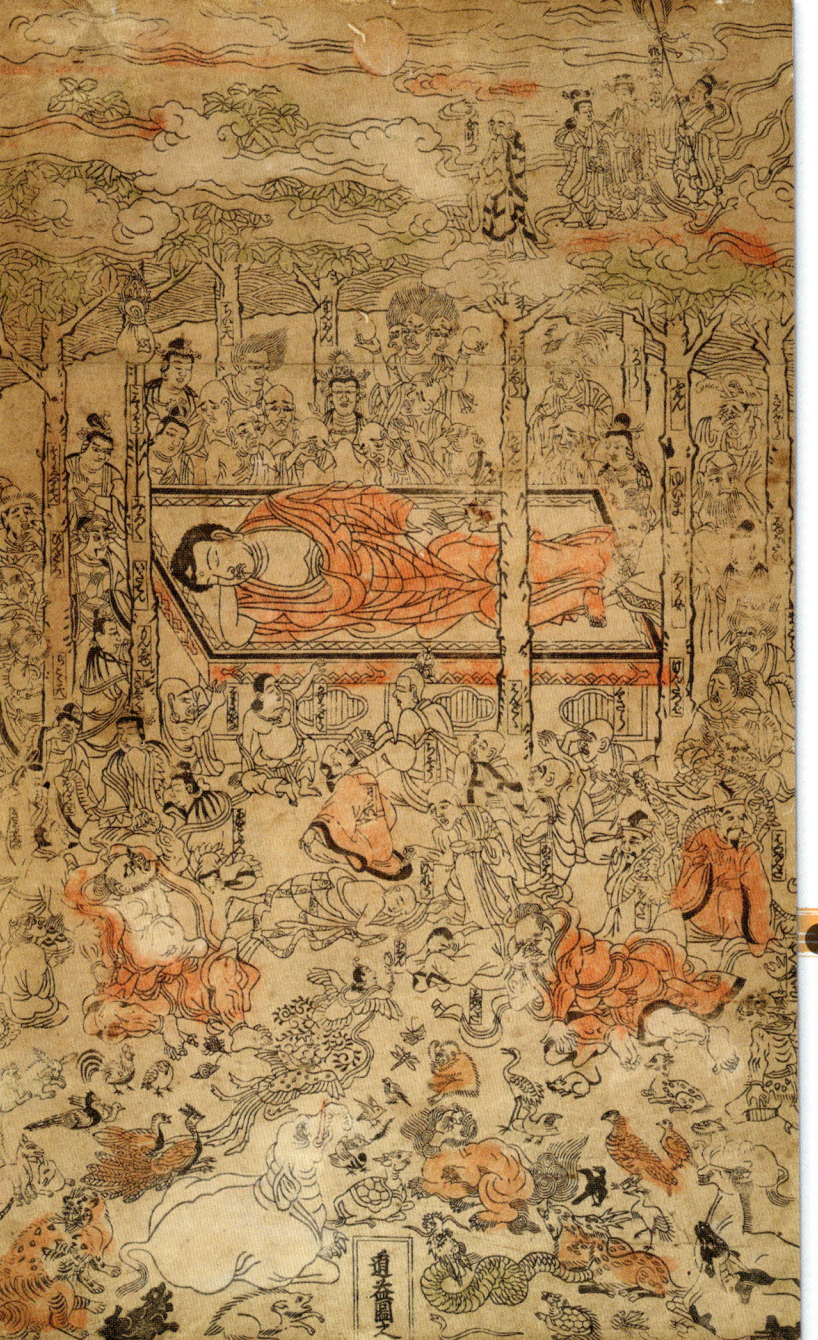

Muerte de Buda

1711-1714

Alcanzar la iluminación

La muerte de Buda es un tema popular del arte budista, ya que presenta el objetivo final: pasar de la vida terrenal a convertirse en un ser iluminado. En esta pintura sobre madera del artista japonés Doeki, Buda aparece como la figura de mayor tamaño para simbolizar su grandeza. Todos los demás lloran su muerte, incluidos los animales del primer plano.

 El jade es muy valorado en la cultura china, y se cree que representa cinco virtudes: amabilidad, bondad, sabiduría, valentía y pureza.

1717-1718

Cuenco sufí

Un *kashkul* (cuenco para pedir limosna) es usado por los sufíes (seguidores del misticismo islámico) para recoger donaciones de comida y bebida tras haber renunciado a las posesiones mundanas. Este ejemplar de Persia es una cáscara de coco con elaboradas incrustaciones de plata, por lo que fue probablemente hecho más para decoración que para su uso.

Kashkul con incrustaciones de plata

1647-1717 MARIA SIBYLLA MERIAN

Desde muy joven, a la ilustradora suiza Maria Sibylla Merian le fascinaban las plantas y los animales, y acabó convirtiéndose en una de las pintoras de la naturaleza más destacadas de su tiempo. Llegó incluso a viajar a Sudamérica, donde pintó interesantes y curiosos animales.

Acuarela asombrosa

A principios del siglo XVIII, en un viaje a Surinam, Merian hizo esta ilustración en acuarela de un caimán de anteojos protegiendo sus huevos de una serpiente falsa coral.

1720

1730

c. 1725

Cazador de leones

La escuela de pintura de Kota de Rajastán, India, es conocida por sus brillantes escenas de caza real. Aquí, un gran rey guerrero (abajo a la izquierda) se prepara para atacar a los gigantescos leones que se hallan en medio de un bosque. El artista utiliza líneas finas y colores pálidos para definir las formas de los animales, y les da rostros monstruosos. El grupo de caza del rey está camuflado en la maleza.

Rao Raja Bhoj Singh de Bundi mata un león.

1730 ▶ 1760

c. 1733-1734

Haciendo pompas

Al artista francés Jean-Siméon Chardin le gustaba pintar escenas de la vida cotidiana, como esta de un niño haciendo pompas de jabón, mientras es observado por otro niño pequeño. En arte, las pompas son un símbolo de la fugacidad de la vida: estos niños no seguirán siendo jóvenes durante mucho tiempo.

Pompas de jabón

Las cerezas se consideraban la fruta del paraíso, referencia aquí a que el niño Thomas estaba en el cielo.

Retrato de los niños Graham

1742

Recuerdo de familia

A primera vista, este cuadro del experto retratista británico William Hogarth parece una feliz escena familiar, con los sonrientes hijos de Daniel Graham, boticario real, rodeados de sus mascotas. En realidad, el hijo menor, Thomas, ya había fallecido, por lo que el retrato se hizo como recordatorio.

1730

El Gran Canal

Grabación de imágenes

Una cámara oscura es un aparato que capta una imagen de una escena al revés en una superficie interior. Esta imagen puede ser utilizada por los artistas para asegurarse de que sean correctas sus mediciones y perspectivas.

1730

La Venecia de Canaletto

El artista italiano Canaletto pintó muchas veces su ciudad natal, Venecia. Los cuadros eran tan realistas que los turistas se los llevaban a casa como recuerdo de su visita. Canaletto probablemente utilizó una cámara oscura (derecha) para crear imágenes precisas que pudieran ser calcadas para el cuadro, con detalles de las bulliciosas vías fluviales añadidos a mano alzada.

1744

A vista de pájaro

En esta cacería, un halcón atrapa una grulla para un *maharana* (rey). Una serie de escenas se desarrollan sobre un gran lienzo desde una perspectiva aérea. Esta técnica es típica de la pintura de Mewar, Rajastán (India), que combina tradiciones artísticas autóctonas con los estilos mogoles (ver p. 97).

La caza comienza aquí con la liberación de un halcón.

Los halcones del maharana *Jagat Singh persiguen las grullas*.

Laila y Majnun

c. 1750

Pintura al óleo persa

Alrededor de esta época, se introdujo en Persia (actual Irán) la pintura al óleo. Aquí, los famosos amantes persas Laila (izquierda) y Majnun (derecha) aparecen de tres cuartos, postura típica del arte persa de la época. El artista también crea profundidad en la escena, de manera similar a obras contemporáneas europeas.

1745 — **1760** ▶▶

Final s. XVIII

Retrato sobrenatural

El artista japonés Maruyama Okyo estaba fascinado por los fantasmas y desarrolló la escuela de pintura *yurei-zu* («espíritu pálido»), que se especializó en temas sobrenaturales. En *El fantasma de Oyuki*, el artista pintó a Oyuki, su amante muerta, con el pelo despeinado y las túnicas blancas asociadas a los fantasmas.

El fantasma de Oyuki

1730-1770   PERÍODO ROCOCÓ

Hacia el final del Barroco, los artistas franceses, cansados del estilo formal promovido por el rey Luis XIV, desarrollaron un movimiento llamado rococó. Muy efectista y ornamental, se caracteriza por colores suaves y líneas fluidas y naturales, y se centra esencialmente en temas desenfadados e intrascendentes, como un grupo de personas divirtiéndose en el campo.

Escenas bucólicas

Amantes en el parque (1758) del pintor francés François Boucher es un ejemplo típico de las escenas idílicas preferidas por los artistas rococó.

Paleta de pasteles

Los artistas del rococó preferían los colores pastel, lejos de los tonos intensos del estilo barroco. Los temas se inspiraban en la naturaleza y tenían patrones irregulares, como muestra este candelabro de porcelana inglesa de alrededor de 1765.

El dorado añadía los toques finales al estilo ornamental rococó.

Selfi medieval, 1170-1200

El hermano Rufillus, un monje alemán, se ha asegurado de que se sepa de quién son las iluminaciones de este colorido manuscrito medieval. Se representa a sí mismo pintando una «R» de Rufillus, rodeado de recipientes con pintura. Como en aquella época no había imprentas, los monjes y monjas, que eran los únicos que sabían leer y escribir, se encargaban de copiar e ilustrar los textos a mano.

Casi real, 1500

Autorretrato, del alemán Alberto Durero destaca por los detalles realistas de la piel, el pelo y la indumentaria. La mirada penetrante y directa hacia el espectador era muy inusual en aquella época.

Autorretrato a los 34 años   *Autorretrato a los 63 años*

El paso del tiempo, 1640 y 1669

El pintor neerlandés Rembrandt experimentó con las diferentes luces y técnicas consigo mismo. Su retrato, a los 34 años, sugiere al mismo tiempo riqueza y seguridad. Sin embargo, a los 63 años, muestra un rostro envejecido y deteriorado por las arrugas.

Trabajo de aguja, 1779

Este autorretrato bordado en lana muestra a la artista inglesa Mary Knowles cosiendo un cuadro del rey Jorge III. Su trabajo está tan hábilmente acabado, usando lanas finas de colores sutilmente variados, que tiene la textura de una pintura.

Autorretratos

El siglo XXI quizá sea la era del selfi, pero los artistas se han retratado a sí mismos durante miles de años. Se conservan pocos ejemplos de tiempos antiguos, pero, a partir de la Edad Media, los autorretratos se convirtieron en una rama del arte cada vez más importante. Algunos pintores se centraron en crear una imagen exacta de sí mismos, mientras que otros estaban más interesados en expresar su personalidad, utilizando a menudo una serie de técnicas innovadoras.

Símbolos misteriosos, 1889

Este autorretrato del artista francés Paul Gauguin es tan llamativo como misterioso. Solo muestra su cabeza y su mano, junto con los símbolos cristianos de un halo, manzanas y una serpiente. Quizá hagan referencia a diferentes aspectos de su personalidad.

Escultura digital, 2017

El artista británico Jonathan Yeo ha utilizado la realidad virtual y la impresión 3D para crear *Homenaje a Paolozzi (Autorretrato)*. Es una escultura de su cabeza, moldeada a partir de un modelo impreso. El título hace referencia al artista británico Eduardo Paolozzi, en cuyo antiguo estudio está instalado Yeo.

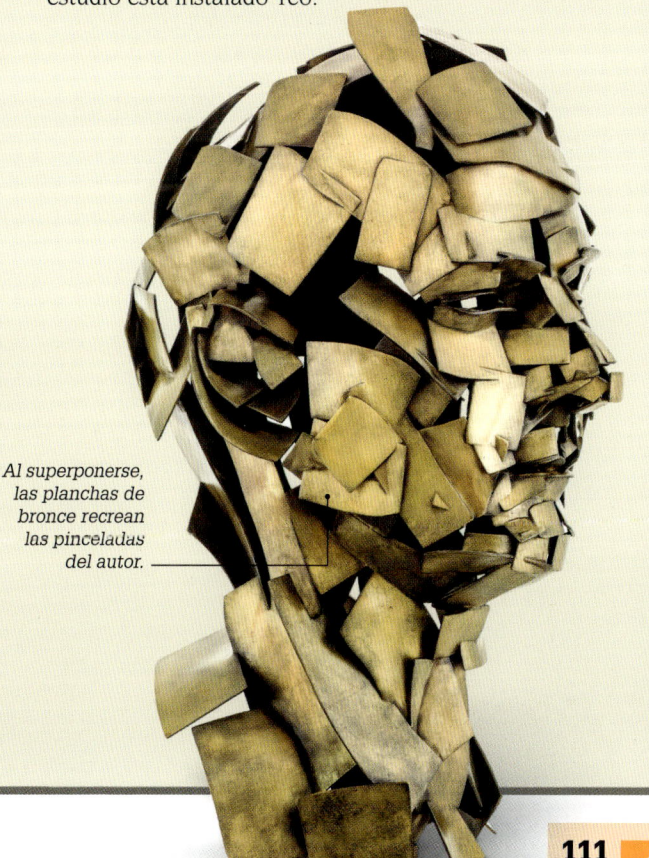

Al superponerse, las planchas de bronce recrean las pinceladas del autor.

Mezcla de materiales, 2016

Recuerdos de boda muestra a la artista nigeriana asentada en Estados Unidos Njideka Akunyili Crosby ante un espejo, rodeada de recuerdos de su boda (y los de su hermano). Utiliza el *collage*, mezclando pintura, lápices y telas tradicionales nigerianas, para reflejar las diversas experiencias, personas y lugares que la han convertido en quien es.

1760 ▶ 1780

León y dragón en combate

Fines s. XVIII

Combate de bestias feroces

El artista persa Muhammad Baqir muestra el combate entre un león y un dragón. No es una imagen usual, ya que la tradición muestra a estas dos poderosas criaturas derrotando a otras más débiles. No se sabe cuál de los dos ganará, pero el artista ha introducido un poco de rojo en esta pintura en tinta y acuarela para mostrar que el león es el primero en derramar sangre.

Caja lacada

Las pequeñas cajas de madera, llamadas *inrō*, se utilizaban en Japón para llevar medicinas y pequeños objetos. Este *inrō* lacado, de finales del siglo XVIII, fue realizado por el artista japonés Koami Nagataka. Los cordones de seda y la cuenta de marfil protegen el contenido.

El perrito de marfil es un netsuke (talla en miniatura).

Decoración con libélulas

1760

c. 1766

Xilografías japonesas

El artista japonés Suzuki Harunobu fue el primero en crear xilografías multicolores en estilo *ukiyo-e* (ver p. 103). Sus obras muestran escenas domésticas. Aquí, dos mujeres se preparan para tocar un instrumento musical llamado *koto*. La rama de trébol japonés detrás de la mampara indica que es otoño.

Los puentes (dispositivos que sostienen las cuerdas) del koto están dispuestos en fila, como los gansos que descienden del cielo; de ahi el nombre la obra.

Gansos descendiendo en los puentes del koto

1769

Deporte de moda

Este retrato a tamaño natural muestra a dos jóvenes aristócratas vestidos como arqueros medievales y fue realizado por el artista inglés Joshua Reynolds. La obra exalta la amistad entre los dos hombres a través del tiro con arco, deporte que se puso de moda entre las clases altas de la época, y resalta el alto estatus de ambos.

Los arqueros coronel Acland y lord Sydney

1770

Arte bundi

Las miniaturas de Bundi, en Rajastán (India), eran conocidas por sus vívidas representaciones de cuentos de la mitología hindú y de la vida cotidiana de la realeza. En esta pintura, el artista ha representado ropajes y joyas distintos para cada figura. Los rostros, de perfil, revelan la influencia del arte mogol (ver p. 97).

Rajá a caballo con ayudantes

1727-1788   THOMAS GAINSBOROUGH

El artista británico Thomas Gainsborough pasó su infancia dibujando en los campos y bosques que rodeaban su casa de Suffolk, Inglaterra. Llegó a ser un pintor influyente y uno de los mejores retratistas británicos. Aunque sus retratos gozaban de gran prestigio, Gainsborough prefería pintar paisajes, y se convirtió en el primer artista en combinar los dos géneros, retratando a los protagonistas de sus cuadros en escenarios al aire libre.

Retrato famoso, 1770
Uno de los retratos más reconocidos de Gainsborough es *El joven azul*. Recibe este apodo por el intenso azul satén de la ropa del muchacho, que parece a la vez tímido y serio.

1770  1780

Angelica Kauffman
La artista neoclásica suiza Angelica Kauffman fue una de las pintoras más importantes de su época. Kauffman aprendió a pintar a una edad muy temprana, y alcanzó fama por sus retratos y, hacia el final de su vida, por sus pinturas históricas.

Los académicos de la Royal Academy

1771-1772

Orígenes de la Royal Academy

Este cuadro del artista alemán Johan Zoffany representa a todos los miembros fundadores de la Royal Academy of Arts, que fue la primera sociedad de artistas de Inglaterra. Es famoso por mostrar solo la figura de los fundadores masculinos y colocar a las dos fundadoras (Angelica Kauffman y Mary Moser) como retratos en la pared (arriba a la derecha).

Experimento a la luz de la vela

***Experimento con un pájaro en una bomba de aire*, 1768, Joseph Wright**

El artista británico Joseph Wright of Derby vivió en una época de grandes avances científicos. En su tiempo, era común que los científicos viajaran por el país con sus equipos y realizaran demostraciones de experimentos en las casas particulares, actividad que resultaba tanto educativa como entretenida. En esta impresionante escena, iluminada por una vela, Wright capta con brillantez las diferentes reacciones de las personas durante uno de estos experimentos, y permite al espectador introducirse en este fascinante período histórico.

Pareja enamorada

Mientras los demás están absortos en el experimento, esta joven pareja es sorprendida mirándose a los ojos. Wright ha colocado a la pareja en un rincón oscuro de la escena, como para enfatizar este momento de privacidad.

Luna llena

La luna llena remite a la Sociedad Lunar, un grupo de caballeros que se reunían en las noches de luna llena para hablar de temas científicos. Sin farolas que les guiaran, la luz de la luna les permitía llegar a casa sin problemas.

El experimento

La figura principal, un científico, muestra cómo funciona una bomba de aire. Mientras se aspira todo el aire de un receptáculo para crear el vacío, el pájaro exhala su último suspiro. El científico mira hacia fuera del cuadro, como si pidiera al espectador que le prestara atención.

Niñas angustiadas

La iluminación de la escena atrae la atención sobre las dos niñas y su angustia por el destino del pájaro. La sensación se ve acentuada por la niña pequeña, que se agarra al vestido de la mayor. El hombre detrás de ellas quizá les explique lo que ocurre en el experimento.

Copa sobre la mesa

¿Qué hay en el fondo de la copa? Podrían ser los pulmones de un animal muerto, que a menudo se utilizaban en el experimento de la bomba de aire en lugar de un pájaro. También podría ser un cráneo, indicando que todo ser vivo muere.

1780 ▸ 1800

📢 George Stubbs también pintó leones y jirafas, que había visto en las colecciones privadas de animales de europeos ricos.

Un Bay Hunter, un Springer Spaniel y un Sussex Spaniel

Arte y ciencia

Para pintar los caballos con mayor precisión, George Stubbs diseccionaba caballos muertos capa por capa y dibujaba cuanto veía. Estos detallados dibujos se encuentran en su libro *La anatomía del caballo* (1766).

1782

Los caballos de Stubbs

El artista británico George Stubbs es sobre todo conocido por sus pinturas de animales y, en especial, de caballos. Aprendió a pintar de forma autodidacta y, como sus reproducciones eran tan precisas, los propietarios adinerados le solicitaban retratos de sus animales.

1780

1760-1860   NEOCLASICISMO

En el siglo XVIII, el redescubrimiento de las ruinas de la antigua ciudad romana de Pompeya (Italia) renovó el interés por el arte y la arquitectura del mundo clásico. Se impuso entonces el estilo rococó (ver p. 109) que dio paso a la precisión y la sencillez del período llamado Neoclasicismo. Los artistas pasaron a utilizar formas bien definidas, líneas rectas y acabados lisos, que no dejaban apreciar las pinceladas.

Arte simbólico

El artista francés Jacques-Louis David se basó en historias conocidas para enviar un mensaje diferente. En *El juramento de los Horacios* (1784), pintó un antiguo relato romano sobre una familia que jura defender su ciudad contra el enemigo. Sin embargo, tras la Revolución Francesa, este cuadro pasó a simbolizar los sacrificios del pueblo por su país.

Actor de kabuki Ōtani Oniji III como Yakko Edobei

📣 **No se sabe mucho sobre Tōshūsai Sharaku, salvo que realizó más de 140 grabados de retratos sobre madera en 10 meses antes de desaparecer misteriosamente.**

1794

Dibujar a un actor

El kabuki es un tipo de teatro japonés que usa la sobreactuación y un elaborado maquillaje. Esta pintura sobre madera de un actor de kabuki es del artista japonés Tōshūsai Sharaku. Plasma con habilidad las teatrales expresiones del actor que interpreta al malvado personaje Yakko Edobei.

Bolsa de colores

Esta sorprendente bandolera fue confeccionada por una mujer del pueblo indígena ojibwe de Norteamérica. Está hecha de cuentas de colores en el asa, púas de puercoespín teñidas para la cenefa en forma de laberinto y motivos en zigzag en los bordes.

Los flecos son de pelo de ciervo y lana.

1790

1800 ▶▶

c. 1795

Ensoñación urbana

El artista británico Thomas Girtin fue un acuarelista de gran talento, que viajó por Gran Bretaña pintando paisajes y desarrollando un estilo único. Aunque al principio sus cuadros eran bastante precisos, con el tiempo, las imágenes se volvieron más abstractas. Esta pintura de una concurrida calle londinense combina detalles y pinceladas sueltas.

Escultura neoclásica

El artista danés Bertel Thorvaldsen fue uno de los principales escultores neoclásicos de su época. Basa su obra *Ganímedes y el águila* (1817-1829) en la mitología griega, representando al joven príncipe Ganímedes desnudo. Así consigue reflejar la antigua creencia griega y romana de que el cuerpo humano es hermoso y perfecto.

El dios griego Zeus toma la forma de un águila.

Acuarelas

La acuarela utiliza pigmentos que se disuelven en agua. Para un efecto más luminoso, se pueden superponer finas capas de delicados colores, que, al ser transparentes, reflejan la lámina de papel donde están pintadas.

La catedral de San Pablo de St Martin's-le-Grand

1800-1900

El siglo xix fue un período de cambios tecnológicos. En el mundo occidental, los objetos podían producirse en masa, lo que hizo que algunos se preguntaran si las habilidades artesanales se perderían para siempre. Las nuevas técnicas de impresión dieron lugar a formas de arte más accesibles, como los carteles y los libros ilustrados. A medida que el mundo se abría a los viajes y al comercio, los artistas europeos se vieron influidos por las xilografías japonesas y las esculturas africanas. El invento de la fotografía hizo que el arte ya no tuviera que reproducir las cosas de forma realista. En cambio, los artistas se sintieron cautivados por los colores y las formas, tendencia que continuó hasta bien entrado el siglo xx.

Danza del león de Año Nuevo

c. 1800-1850

Teñido con nudos africano

Esta llamativa pieza de tela procede de Gambia, África occidental. Los artistas crearon el estampado de estrellas anudando hilos alrededor de algunas partes de la tela y luego sumergiéndola en un baño de tinte azul.

Tejido teñido de África occidental

c. 1800-1806

Año Nuevo

El pintor japonés Kitagawa Utamaro realizó estampas de estilo *ukiyo-e* (es decir, «imágenes del mundo flotante»). Esta forma de grabado utilizaba colores brillantes y escenas lúdicas de la vida urbana, como puede verse en este cuadro de una celebración del Año Nuevo.

1800

1800

Retrato de la realeza

La familia de Carlos IV es un retrato del pintor español Francisco de Goya. Nombrado pintor de cámara en 1799, Goya, reputado retratista, pinta este gran cuadro de la familia real española. Reproduce con gran maestría los detalles de las vestimentas y de las joyas.

La familia de Carlos IV

LA IMAGEN DE NAPOLEÓN

Napoleón Bonaparte, un militar y estadista francés, gobernó en Europa a principios del siglo XIX. Muy ambicioso, libró batallas con muchos países en su búsqueda de poder. En 1804, nombró al artista francés Jacques-Louis David como su pintor oficial. A Napoleón le gustaba su estilo neoclásico, que lo retrataba como un hombre grandioso y heroico, conectándolo así con los grandes logros de la Antigüedad grecorromana.

En los Alpes

En *Napoleón cruzando los Alpes* (1801-1805), David conmemora la victoria de Napoleón sobre los austriacos. En la esquina inferior izquierda, la palabra «Bonaparte» está grabada junto a los nombres de Aníbal y Carlomagno, dos hombres poderosos cuyas tropas también cruzaron los Alpes.

Capitolio de Estados Unidos

Muchos edificios públicos del mundo occidental, como el Capitolio de Estados Unidos, están construidos en estilo neoclásico. Iniciado en 1793, su estructura simétrica, grandiosa y a la vez sencilla recuerda los edificios de las antiguas Grecia y Roma.

Bailarina con címbalos

La cabeza inclinada subraya el movimiento de la bailarina.

1809

Columna del Capitolio

En las antiguas Grecia y Roma, los capiteles de las columnas solían decorarse con hojas de acanto. El arquitecto estadounidense Benjamin Henry Latrobe quería algo claramente americano para el edificio del Capitolio de su país, por lo que sustituyó las hojas de acanto por espigas de maíz, un cultivo muy extendido.

Columna del Capitolio de EE.UU.

1811-1812

Imagen realista

Al igual que los antiguos griegos y romanos, el escultor italiano Antonio Canova esculpió en mármol figuras como esta. El artista capta la sensación de movimiento de la bailarina al representarla de puntillas, como si quisiera mostrar que está en plena danza.

1810

1820

c. 1818

El caminante ante un mar de niebla

Fuerza de la naturaleza

El caminante ante un mar de niebla del artista alemán Caspar David Friedrich representa la sobrecogedora belleza y poder de la naturaleza. Un vasto paisaje se extiende ante el hombre, mostrando que es minúsculo e insignificante frente a sus fuerzas.

La danza en el arte

La danza plantea un reto aparentemente imposible: plasmar el movimiento y la emoción con materiales como el bronce o la pintura. A lo largo de la historia y en las distintas culturas, los artistas han utilizado a menudo recursos similares para transmitir los pasos de una danza: un pie levantado, los brazos extendidos y la ropa o el pelo sueltos. Las obras de arte más apreciadas muestran cómo la danza es una forma de expresarse de la gente y vivir realmente el momento.

Baile alegre, *c.* 25-220 d. C.

Se han encontrado en tumbas de la dinastía Han de China figuras de barro animadas como esta. El escultor estaba más interesado en captar el estado de ánimo de la bailarina que en crear un retrato realista. La amplia sonrisa de la figura y su postura con una pierna levantada sugieren de inmediato movimiento y felicidad.

Señor de la Danza, *c.* 1000

Esta representación del dios hindú Shiva llamado Nataraja o «Señor de la Danza» fue una de las imágenes más adoradas durante la dinastía Chola de la India. Realizada en bronce, lo representa interpretando el *tandava*, una danza cósmica que ilustra la creación o destrucción del universo. Rodeado de un anillo de fuego, mantiene un equilibrio perfecto sobre una sola pierna, subrayando su importancia para mantener la estabilidad del universo.

Baile al son de la música de las gaitas

Diversión en el campo, *c.* 1566

La danza nupcial, del artista neerlandés Pieter Bruegel el Viejo, capta el buen estado de ánimo que impera en las fiestas de los pueblos. Es posible que el pintor estuviera enviando un mensaje a las autoridades, que por entonces desaprobaban los bailes demasiado animados.

El tutú es de algodón y seda

Ritmo y color, 1909-1911 y *c.* 1960

El pintor italiano Gino Severini utilizó el color y el dibujo para dar la idea de movimiento. Observar *El baile del pan-pan en el Monico* es como mirar a través de un caleidoscopio: los bailarines se fragmentan en brillantes y cambiantes formas geométricas sugiriendo energía y ritmo.

Estudiante de ballet, *c.* 1881

El artista francés Edgar Degas muestra la danza como algo bello pero que requiere gran esfuerzo. Su *Pequeña bailarina de catorce años* mantiene una elegante pose. El uso que hace Degas de la cera, la arcilla, el pelo y la ropa reales en una sola escultura supuso una novedad y hace que la figura parezca especialmente realista.

Bailando en las calles, 1935

El candombe, un baile de ritmo muy vivo, es popular en algunos países de América del Sur, y tiene su origen en los pueblos africanos esclavizados. El colorido cuadro del artista uruguayo Pedro Figari *Preparando el candombe (Decoración)* presenta una animada escena de hombres, mujeres y perros preparándose para bailar. El cuadro crea una fuerte impresión de identidad compartida y espíritu comunitario.

Saltando de alegría, 1987

Con solo cinco figuras, seis colores y líneas negras al estilo de los dibujos animados, el estadounidense Keith Haring capta la alegría de un grupo de personas bailando. *Sin título (Danza)* parece sencillo, pero el cuadro rebosa movimiento y diversión.

1820 ▶ 1830

Derby en Epsom

El arte de coleccionar

Charles Willson Peale fue un pintor estadounidense de estilo neoclásico que fundó algunos de los primeros museos de Estados Unidos. En su autorretrato *El artista en su museo*, Peale muestra con orgullo la variedad de su colección, que incluía todo tipo de objetos, de huesos de dinosaurio a pájaros disecados.

El artista en su museo

1821

El movimiento en el arte

Théodore Géricault fue un pintor romántico francés célebre por sus escenas espectaculares con mucha acción. La carrera representada en *Derby en Epsom* era un tema perfecto para él, con los caballos a galope tendido a través del campo. Las nubes de tormenta que se acercan añaden dramatismo y emoción a la escena.

La campana del instrumento tiene forma de monstruo marino o dragón, llamado *chu-srin*.

S. XIX

Trompeta tibetana

Esta trompeta de cobre, llamada *rkang gling*, procede del Tíbet, y está decorada con coral y otras piedras. Se utilizaba para anunciar la llegada de los bailarines rituales. Originalmente, estos instrumentos se hacían con un fémur de un sacerdote.

Rkan gling **tibetano**

 **1820**

1821

Una vida sencilla en el campo

En el cuadro *El carro de heno* del artista inglés John Constable puede verse a dos hombres conduciendo una carreta cargada de heno que parece atascada en medio de un arroyo poco profundo, mientras dos caballos tiran del carro. El pintor pone el énfasis en la belleza del paisaje rural. El cuadro representa una forma de vida que mucha gente temía perder debido al auge de las ciudades y de las fábricas con la llegada de la Revolución Industrial.

El carro de heno

1827

Convertirse en un dios

Uno de los grandes artistas franceses del Neoclasicismo fue Jean-Auguste-Dominique Ingres. En *La apoteosis de Homero*, muestra al poeta de la Antigua Grecia al ser coronado como un dios por Nike, la diosa griega de la victoria. A sus pies se encuentran dos objetos que representan sus más famosos poemas épicos: una espada para la *Ilíada* y un remo para la *Odisea*.

> "**Aprender a dibujar lleva 25 años; aprender a pintar, una hora.**"
>
> Jean-Auguste-Dominique Ingres, 1780-1867

La apoteosis de Homero

1825

Sopera con leopardo

S. XIX

Leopardo para un jefe

Los alfareros europeos solían adaptar sus diseños para satisfacer a sus clientes africanos. Esta sopera fue posiblemente hecha para un jefe del antiguo Reino del Congo, en África central. Los leopardos eran un símbolo de liderazgo en este continente debido a su belleza y a sus habilidades para cazar. Esta sopera pudo depositarse en la tumba de un jefe para honrarlo.

El artista añadió en negro detalles más sutiles, como las manchas de la piel, los bigotes y las garras.

Sonajero en forma de urogallo

S. XIX

Sonajero ceremonial

En forma de urogallo, un ave que se encuentra en América septentrional, este sonajero fue realizado por los indígenas makah del actual estado de Washington, Estados Unidos. Es de madera de cedro y fue diseñado en base a sueños. Se utilizaban sonajeros como este en las ceremonias.

Pesas akan para oro

El polvo de oro se utilizaba a menudo como dinero en países como Ghana y Costa de Marfil. Para pesarlo con precisión, el pueblo akan usaba pequeñas pesas de metal. Podían tener diversas formas, como este elefante.

1830

El pájaro sobre el elefante se refiere al proverbio akan sobre la seguridad de caminar sobre las pisadas de un elefante.

Pesa para oro en forma de elefante con pájaro

La pesa está hecha de latón.

1830 ► 1840

📢 El Louvre se inauguró en 1793, durante la Revolución Francesa, cuando los intelectuales exigieron que las colecciones de arte reales se pusieran a disposición del público.

Galería del Louvre

1831-1833

Una exposición diferente

Las galerías de arte del siglo XIX tenían un aspecto algo distinto del actual. En este cuadro del Museo del Louvre de París, el pintor estadounidense Samuel F. B. Morse nos muestra que los cuadros se exhibían ocupando todo el espacio.

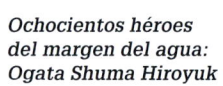
Ochocientos héroes del margen del agua: Ogata Shuma Hiroyuk

1830

c. 1830-1832

Paz en la Tierra

El pintor estadounidense Edward Hicks fue miembro de los cuáqueros (grupo religioso cristiano). Es conocido por sus cuadros sobre el *Reino pacífico*, tema que recreó en 62 versiones diferentes y plasma una idea de la Biblia: la esperanza de armonía sobre la Tierra, con todos los seres conviviendo pacíficamente.

c. 1830

Protector de ranas

El artista japonés Utagawa Kuniyoshi es famoso por su uso de la técnica *ukiyo-e* (ver p. 103) de guerreros y héroes. La serie *Ochocientos héroes del margen del agua* incluye esta pintura del héroe sobrenatural Jiraiya matando a una serpiente con una enorme arma porque estaba asustando a sus amigas, las ranas.

Reino pacífico

Daguerrotipo

En la década de 1830, el artista francés Louis-Jacques-Mandé Daguerre desarrolló el primer proceso fotográfico disponible y llamó a las fotografías daguerrotipos.

Cámara usada por Daguerre

1839

Navegando hacia la historia

Un óleo del pintor inglés J. M. W. Turner, *El último viaje del «Temerario»*, muestra un viejo velero en su viaje final. Lo remolca una embarcación de vapor, más pequeña pero más rápida. Los barcos de vapor empezaban a sustituir a las viejas naves de madera. La puesta de sol no solo simboliza el último día del barco, sino el fin de una era.

El último viaje del «Temerario»

   1835   **1840**

1835

Tiempos de cambio

La invención de nuevas tecnologías impulsó la Revolución Industrial y cambió la vida de la gente, ya que muchas personas se trasladaron del campo a trabajar en las fábricas de las ciudades. Esta acuarela del artista inglés John Orlando Parry muestra no solo la populosa ciudad de Londres, llena de *smog*, sino también la cantidad de información que las personas estaban recibiendo. Las nuevas prensas a vapor podían imprimir carteles y folletos más rápido y más grandes que nunca.

Escena de una calle de Londres

Figura tallada con una lengua protuberante. Se creía que separaba los mares mientras la canoa avanzaba.

Talla de una canoa maorí

Esta proa del siglo XIX decoraba la parte delantera de una canoa maorí (*waka*) de Nueva Zelanda. Las elaboradas figuras talladas son simbólicas y se creía que daban poder a la tripulación que iba a bordo.

Barcos de pesca en Choshi, Shimosa

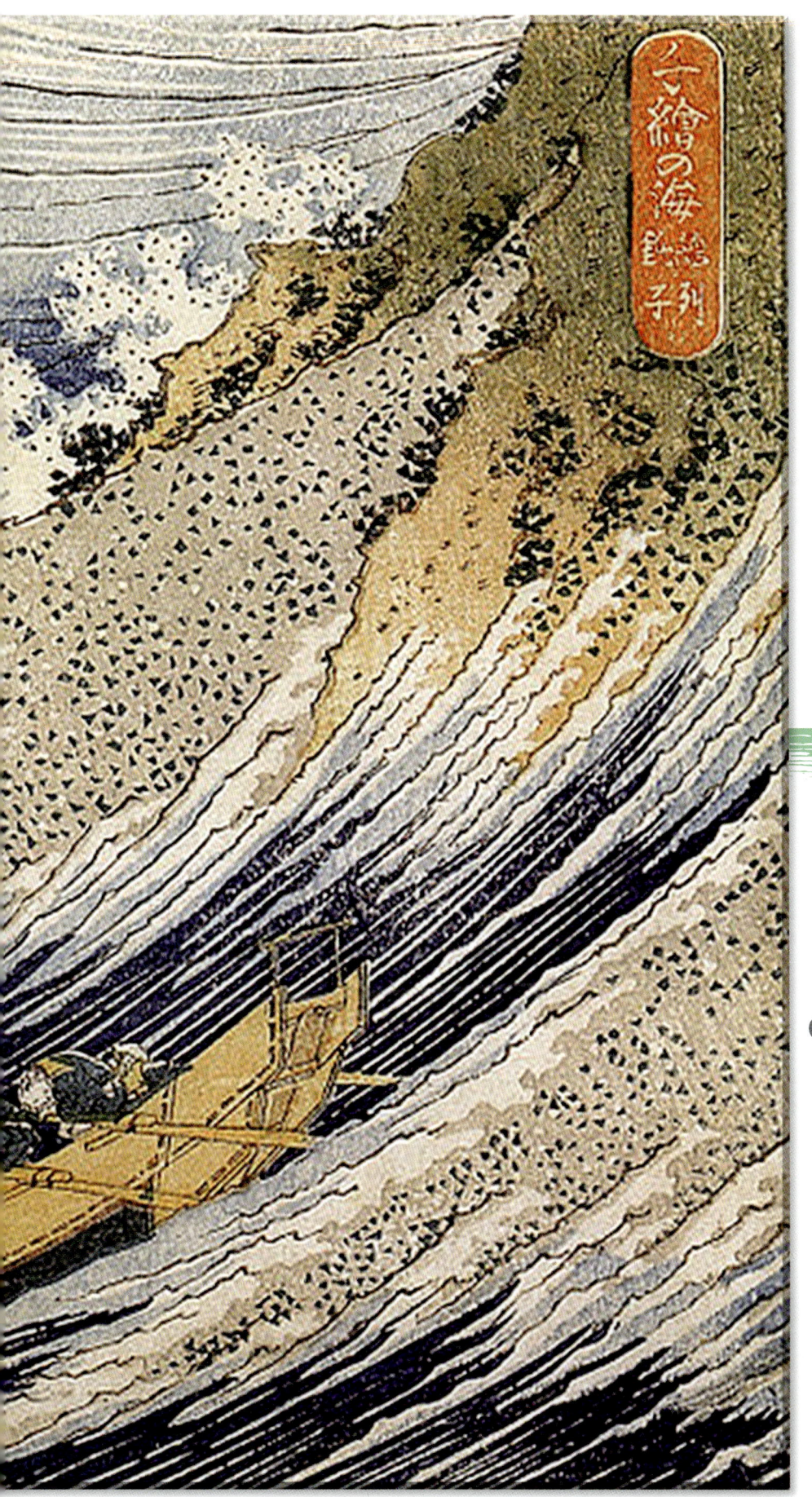

El océano de Hokusai

Barcos de pesca en Choshi, Shimosa de Katsushika Hokusai es una estampa en color de su serie *Mil imágenes del Océano.* Con unos simples trazos negros y zonas de colores planos, Hokusai transmite la espectacular enormidad de las olas y el borboteo de la espuma blanca del mar. El panorama se hace más intenso al no verse el horizonte al fondo. Tras la apertura de los puertos japoneses a Occidente en 1854, grabados como este circularon entre los artistas de Europa y de Estados Unidos, e influyeron en el movimiento modernista de finales del siglo XIX y principios del siglo XX.

La obra más extensa de Hokusai es una colección de **4000 bocetos en 15 volúmenes,** llamada *Hokusai Manga,* publicada en 1814.

1840 ▸ 1850

c. 1840-1900   REALISMO

A mediados del siglo XIX, el movimiento realista supuso una conmoción para el mundo del arte tradicional. Artistas franceses como Gustave Courbet y Jean-François Millet creían que la pintura consistía en reproducir el mundo real tal y como les rodeaba, y no solo escenas bellas o historias bíblicas y mitológicas, temas comunes en la época. Pasaron a pintar pobres, gente harapienta y obreros, que no solían aparecer en los cuadros tradicionales.

Escándalo público

En su cuadro *Picapedreros* de 1849, el pintor francés Gustave Courbet representó a unos obreros trabajando en el agotador trabajo de romper piedras en una cantera. El tema impactó al público, que no podía entender por qué el artista perdía el tiempo pintando una escena tan aburrida y cotidiana.

Pintar la realidad

Jean-François Millet también se inclinó por el estilo realista, como se ve en *El sembrador* de 1850. Al público no le gustaron los colores apagados marrones y grises del cuadro ni el tema del pobre campesino, pero Millet nunca dejó de pintar la vida en el campo.

Arte funcional

En la Inglaterra de los años 1840 se impusieron las nuevas tendencias en el diseño de objetos, que empezaron a decorarse en función de su uso. Así, el artista británico Robert Redgrave decoró una jarra *Well Spring* con juncos, ya que el recipiente se utilizaba para contener agua.

Estas hojas se pintaron con esmalte, un barniz vitreo que se endurece al secarse.

Jarra *Well Spring*

1840

Arando en el Nivernais

1849

Formación particular

Esta representación realista de bueyes arando es obra de la artista francesa Rosa Bonheur, y revela su conocimiento de la estructura del cuerpo de las reses. En aquella época, a las mujeres no se les permitía la misma formación artística que a los hombres, así que, para aprender anatomía animal, Bonheur estudió en una carnicería.

1847

Pintar el paisaje

En *Montañas verdes y árboles rojos, según Lu Zhi*, el artista chino Gu Kui pinta un paisaje de bosques y montañas escarpadas envueltos de niebla, siguiendo el estilo del artista del siglo XVI Lu Zhi. En primer plano, se divisan algunas casas a los pies de una cascada, ocultas tras unos árboles. Se trata de un ejemplo del arte chino «hoja de álbum», pequeñas pinturas que caben en un álbum o un libro.

Montañas verdes y árboles rojos, según Lu Zhi

Insignia akan

Este colgante de oro profusamente decorado es un *akrafokonmu* («disco del alma») del Reino asante, en la actual Ghana. Lo llevaban los ayudantes especiales del rey para salvaguardar su bienestar espiritual y el del reino.

Los motivos concéntricos representan los rayos del Sol, de gran importancia para el rey.

Disco del alma

1850

1849-1850

Épocas pasadas

El pintor inglés Dante Gabriel Rossetti fue uno de los artistas que fundaron en 1848 la Hermandad Prerrafaelita. A este grupo de artistas no le gustaba la tecnología que trajo la Revolución Industrial. Rossetti pintó *Ecce Ancilla Domini*, una escena de la Anunciación (ver pp. 66-67), en lugar de representar imágenes contemporáneas con fábricas y vagones de tren.

Ecce Ancilla Domini (Anunciación)

Tarjetas de Navidad

La primera tarjeta de Navidad del mundo se envió en 1843, después de que el especialista en arte británico Henry Cole tuviera la idea de enviar tarjetas ilustradas para felicitar las Navidades. Esta muestra a una familia brindando y escenas de caridad.

1850 ▶ 1860

El mármol ha sido hábilmente tallado para destacar las arrugas de la ropa.

Cubierta de libro pintada y lacada

1852

Luchar por Francia

La heroína del siglo xv Juana de Arco afirmó que los ángeles y los santos le habían encargado que liderara Francia en la Guerra de los Cien Años contra Inglaterra. En esta estatua de mármol, el escultor francés François Rude muestra a la joven escuchando atentamente la inspiración celestial, mientras sostiene su armadura con la mano.

Juana de Arco

c. 1850

Arte multicultural

Esta cubierta de libro procedente de Persia combina estilos y técnicas de varias culturas. Un artista persa pintó escenas cristianas en estilo típicamente europeo. A continuación, se aplicó un líquido llamado resina, que al endurecerse dejaba una superficie brillante y protectora. Esta técnica, llamada lacado, vino originalmente de China.

1850

1855

El cuadro original fue destruido durante la Segunda Guerra Mundial. Por suerte, Emanuel Leutze realizó varias versiones.

Un viento frío azota la bandera americana.

Washington cruzando el Delaware

1851

Hazaña épica

El artista germano-estadounidense Emanuel Leutze realizó este imponente cuadro de 6,5 m de largo para celebrar un importante punto de inflexión en la Guerra de Independencia de Estados Unidos. Muestra al general George Washington al frente de las tropas americanas cruzando el helado río Delaware para lanzar un ataque sorpresa contra las fuerzas enemigas.

1856

Establecer un estándar

En 1840, el especialista en arte Henry Cole abogó por mejorar la calidad de los objetos elaborados en Gran Bretaña. El diseñador británico Owen Jones publicó un libro con diseños del mundo llamado *La gramática del ornamento*, que se convirtió en una herramienta importante para las artes decorativas.

Elizabeth Tower, sede de la gran campana llamada Big Ben

Renovar lo antiguo

Tras la destrucción del Parlamento británico en un incendio en 1834, el edificio fue reconstruido en estilo neogótico por Charles Barry. La idea era honrar el pasado recuperando el estilo de las catedrales góticas medievales.

Página de la obra de Cole

1859

Renacimiento gótico

En el mundo en rápida modernización del siglo XIX surgió un movimiento arquitectónico que se inspiró en el estilo gótico (ver p. 49). El arquitecto y diseñador inglés A. W. N. Pugin, una figura destacada del movimiento neogótico, también incorporó el estilo a los muebles. Las patas de esta silla presentan arcos ojivales.

1860

Arte de la colcha

Este quilt fue realizado por o para Susan Holbert, que vivía en el estado de Nueva York, Estados Unidos, a mediados de la década de 1850. En aquella época, las mujeres estaban excluidas de las escuelas de arte, pero la confección de colchas era un arte que podían practicar.

1797-1858   UTAGAWA HIROSHIGE

Nacido Andō Tokutarō, el artista japonés Utagawa Hiroshige adoptó el nombre de su maestro, Utagawa Toyohiro. Hiroshige fue un gran maestro de la estampa en estilo *ukiyo-e* (ver p. 103). Fue admirado por su habilidad para captar la belleza de la naturaleza, con paisajes tranquilos y escenas que muestran el cambio de estación. Su obra también fue popular en Occidente, donde inspiró a muchos artistas impresionistas.

Flores de primavera

Realizada en 1857, la estampa de Hiroshige *Jardín de ciruelos en Kamata* forma parte de su serie *Cien famosas vistas de Edo*, que muestra escenas de lugares populares de Tokio. En este colorido paisaje la gente disfruta de una tarde de primavera entre ciruelos en flor.

Vidas contrapuestas

La elegante vestimenta de las dos mujeres contrasta con los andrajosos trapos de la pobre vendedora de flores en primer plano. Carente de educación, realiza el único trabajo a su alcance. La mujer con gorro púrpura distribuye panfletos religiosos, un tipo de trabajo que realizan muchas mujeres de clase media.

Tomando un descanso

Este obrero sudoroso sacia la sed con una gran cerveza. En esta época, las clases populares no siempre tenían acceso a agua potable, por lo que la cerveza era una alternativa más segura. Estos obreros son los héroes del cuadro y el artista los representa como hombres nobles y fuertes.

Niños de la calle

Las cintas negras atadas a las mangas del bebé sugieren que alguien cercano, quizá su madre, falleció en fecha reciente. Ahora su hermana mayor tiene que hacerse cargo de la familia. Su vestido andrajoso, aunque todavía bastante elegante, es demasiado grande para ella, y es muy probable que se lo diera alguna organización benéfica.

Tiempos de cambio

***Trabajo*, 1852-1865, Ford Madox Brown**

Ford Madox Brown fue un pintor británico asociado a los prerrafaelistas (ver p. 131), que compartía con el grupo el gusto por los colores vivos y el interés por los temas sociales. El foco central de esta obra maestra es un grupo de obreros que cavan una calle de Londres. Casi todos los que aparecen en el cuadro tienen algún cometido, y con él, Brown transmite un mensaje moral sobre la importancia del trabajo. La escena también reúne a ricos y pobres para contrastar sus vidas tan diferentes.

La Sagrada Familia

A pesar de su pobreza, esta pareja de indigentes tiene como principal preocupación el cuidado de su bebé. El gorro de la mujer parece un halo, sugiriendo un vínculo con las representaciones de María y el niño Jesús en el arte cristiano.

Intelectuales

Brown incluyó retratos de dos pensadores de la vida real a los que admiraba: Thomas Carlyle y F. D. Maurice. Ambos escribieron sobre la importancia vital del trabajo y de la educación. Brown los llamaba «obreros del cerebro».

1860 ▶ 1870

▶▶

c. 1863

Magia en mármol

Este busto de monja se realizó para una exposición. La intención del autor, quizá el artista italiano Giuseppe Croff, era impresionar al público con su habilidad de escultor. Tallada en mármol, proporciona el efecto mágico de un delgado velo semitransparente sobre el rostro de la mujer.

El bloque de mármol ha sido transformado en delicados pliegues de tela.

S. XIX

Talla de hueso de ballena

Este objeto largo y plano es un hueso de ballena con grabados, típico de los marineros que cazaban ballenas. Las tripulaciones balleneras pasaban largos meses en el mar, y tallar era una forma de entretenerse. Este ejemplo en particular es una varilla (llamada «ballena») que se insertaba en un corsé de mujer para darle así consistencia. Quizá fue un regalo para entregar a un ser querido al regresar a casa.

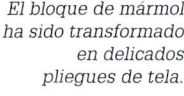 **Tradicionalmente, los artistas hacían los bustos en arcilla o yeso antes de que un maestro artesano convirtiera su trabajo en piedra.**

La monja velada

1860

Varilla de hueso de ballena

Barco navegando

1864-1865

Nuevo estilo

El artista francés Édouard Manet rompió a menudo con los estilos tradicionales en busca de maneras de pintar diferentes. En su cuadro *Peonías* muestra su uso de pinceladas sueltas e inacabadas, y manchas de pintura, un estilo bastante chocante en su época.

"En la naturaleza no hay líneas, solo manchas de color, unas contra otras."

Édouard Manet, 1832-1883

Peonías

Entre Sierra Nevada, California

1868

América la bella

El artista estadounidense de ascendencia alemana Albert Bierstadt pintó *Entre Sierra Nevada, California*, una panorámica de la campiña americana idealizada como un hermoso paraíso. La luz del sol radiante y las nubes brillantes crean un espectacular juego de luces y sombras en un paisaje virgen. Los cuadros de Bierstadt fueron exhibidos en Europa, e impulsaron a la gente a viajar a América para empezar una nueva vida.

1865   **1870** ▶▶

Ilustración de Tenniel para *Alicia en el país de las maravillas*

1865

Ilustración de libros

Durante el siglo XIX, los libros para niños estaban en su mayoría ilustrados en blanco y negro. El artista inglés John Tenniel ilustró la novela del autor británico Lewis Carroll *Las aventuras de Alicia en el país de las maravillas*. Dibujó muchas escenas fantásticas, como esta de una Alicia de gran tamaño viendo huir a un conejo.

PINTAR AL AIRE LIBRE

En la década de 1870, artistas como Claude Monet, Édouard Manet y Gustave Courbet empezaron a pintar sus obras totalmente en el exterior en lugar de encerrarse en un estudio. No era una costumbre corriente, y pintar al aire libre permitía a los artistas captar los efectos cambiantes de la luz y el clima. Esta moda se convirtió en un elemento fundamental del Impresionismo (ver p. 141).

Courbet trabajando

Esta fotografía muestra al artista francés Gustave Courbet pintando en un jardín. La invención de los tubos metálicos para los óleos facilitó la pintura al aire libre.

Escena nevada de Sisley

Al pintar al aire libre el cuadro *Nieve temprana en Louveciennes* (1870-1871), el artista francés Alfred Sisley pudo captar la naturaleza fugaz de las estaciones.

Colores del hielo
Es de esperar que una representación del hielo sea esencialmente blanca, pero Church aplicó más colores. Había estudiado la naturaleza de cerca, y sabía que el agua y el hielo reflejan los colores que los rodean.

Icebergs lejanos
Los icebergs y las capas de hielo son visibles hasta donde alcanza la vista. Indican que las aguas pueden parecer quietas y tranquilas, pero estos mares son traicioneros.

¡Cuidado!
El mástil roto de un barco naufragado sobresale del fondo de esta escena sin vida. Advierte al espectador sobre la enormidad de los icebergs y avisa de lo que puede suceder aquí.

Vista gélida

Los icebergs, 1861, Frederic Edwin Church

El estadounidense Frederic Edwin Church fue un paisajista romántico que formó parte de la llamada Escuela del Río Hudson, un grupo que exaltaba el poder de la naturaleza a través de paisajes espectaculares. Church destacaba por el detalle de sus cuadros. Para *Los icebergs*, viajó al norte de Canadá en un pequeño bote de remos. Desafiando las peligrosas aguas heladas, estudió el terreno helado y pudo crear este hermoso cuadro.

Cielo tormentoso

Muchos paisajistas románticos utilizaron cielos tormentosos en segundo plano de sus obras. Church también aprovecha la oportunidad para introducir en su cuadro peligro y emoción con estas nubes de tormenta.

Roca solitaria

Una roca escarpada asoma del hielo, un recordatorio de que este lugar es impredecible y peligroso. Cualquier barco que pase cerca se arriesgaba a ser aplastado si la roca se desprendía.

Agua gélida

Aquí no hay grandes olas chocando contra la costa. En su lugar, pequeñas ondas en el agua turbia dan una fría quietud a esta imagen, que es aún más siniestra.

Gruta misteriosa

Aunque sus pinturas parecen reales, Church incluyó algunos detalles de su imaginación. Esta gruta podría no haber estado allí en la vida real, pero el pintor sabía que el intenso color turquesa y el brillo subacuático llamarían la atención del espectador.

1870 ▶ 1880

La clase de ballet

Fines s. xix

Anillo de oro

El hocico levantado deja ver unos afilados dientes y una lengua larga y ondulante.

Este elaborado anillo de oro fue diseñado para la realeza tailandesa. Aunque tiene forma de una intimidante serpiente con ojos saltones, representa una criatura divina del sur de Asia llamada *naga*. Se creía que estos seres sobrenaturales guardaban las perlas y corales en el inframundo.

El anillo es de oro de 22 quilates.

Anillo *naga*

1874

Práctica del ballet

El artista francés Edgar Degas aplicó las técnicas impresionistas a sus numerosos cuadros de bailarinas de ballet, uno de sus temas favoritos. Las pequeñas y finas pinceladas eran perfectas para los tutús y las cintas de gasa que llevaban las bailarinas mientras practicaban.

1870

1871

Matices sutiles

Mucha gente cree que este cuadro trata del amor de un hijo por su madre. De hecho, aunque él y su madre estaban muy unidos, el artista estadounidense James McNeill Whistler dijo que este cuadro era un estudio sobre las sutiles diferencias entre los tonos de negro, gris y blanco.

Las flores y los pájaros están pintados con acuarela.

Arreglo en gris y negro n.º 1: retrato de la madre del artista

Estuche de espejo del período Qajar

1874

Estuche lacado

Los estuches de espejos decorados fueron populares durante la dinastía Qajar de Persia (actual Irán). El revestimiento de laca sobre la imagen de acuarela y oro da al estuche su brillo y lo protege del desgaste.

c. 1860-1880   IMPRESIONISMO

En las décadas de 1860 y 1870, algunos artistas franceses comenzaron a pintar en un estilo considerado radical por muchos debido al aspecto inacabado de sus pinceladas. Este estilo pasó a llamarse Impresionismo y muy pronto se extendió a otros países. Las principales escuelas y galerías de arte rechazaron este estilo, por lo que los impresionistas crearon sus propias exposiciones independientes.

Paisajes y luz
Los impresionistas pintaron instantáneas o «impresiones» de paisajes y de la vida cotidiana, a menudo al aire libre, en lugar de representar temas históricos o religiosos. En *Los tejados rojos* (1877), el artista francés Camille Pissaro usó colores vibrantes para plasmar en el lienzo la luz y el clima cambiantes.

1875   **1880** ▶▶

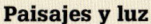

1877

Bajo un hechizo
El artista británico Edward Burne-Jones formó parte de la Hermandad Prerrafaelita que buscaba la inspiración en el pasado (ver p. 131). En esta obra, pintó al mago Merlín de la leyenda del rey Arturo cayendo bajo un hechizo de la Dama del Lago, Nimue.

Las hojas curvas y los tallos arremolinados fueron coloreados a mano.

Papel pintado de Morris & Co

1876

La naturaleza en interiores
El artista británico William Morris lideró el movimiento Arts and Crafts (Artes y Oficios), grupo que defendía los productos hechos a mano en lugar de los fabricados. En sus obras, se centró en la belleza de la naturaleza, como en este papel pintado.

Detallados pliegues de tela fluyen por el cuerpo como el agua.

Los encantos de Merlín

Tarde de fiesta

Baile en el Moulin de la Galette, 1876, Pierre-Auguste Renoir

Los impresionistas pintaban escenas de la vida cotidiana con colores vivos y pinceladas rápidas e imprecisas. Un buen ejemplo es _Baile en el Moulin de la Galette_, del artista francés Pierre-Auguste Renoir. El cuadro reproduce una hermosa tarde de domingo en un baile al aire libre en París, Francia. Este tema era ideal para un pintor impresionista, porque podía explorar cómo se movía la luz del sol por la pista de baile y cómo se reflejaba en los rostros y las ropas de los personajes. La obra capta con maestría cómo la luz intensa ilumina los cuerpos o matiza los colores.

¿Quién es esta joven?

Los impresionistas pintaban el mundo que les rodeaba, y por ello a menudo incluían en sus obras a personas que conocían en la vida real. La chica del vestido a rayas azules y rosas es Estelle, la hermana de la actriz francesa Jeanne Samary, que posó muchas veces para los cuadros de Renoir.

Conversación privada

En la parte central del cuadro, un joven se inclina para hablar con una mujer. ¿Tal vez la esté invitando a bailar? Renoir ha captado un instante íntimo y fugaz en una bulliciosa escena.

Baile en la distancia

Los artistas impresionistas no dedicaban mucho tiempo a los pequeños detalles: tenían que trabajar con rapidez para captar la luz y el ambiente cambiantes de una escena. Una mirada más atenta a este cuadro muestra que la mayoría de las personas que bailan en el fondo no son más que unas pinceladas rápidas. Pero cobran sentido cuando el cuadro se observa en su conjunto.

Sombreros de moda

Los sombreros de paja eran comunes entre las clases populares cuando disfrutaban de un día de fiesta. En las salas de baile más elegantes, en cambio, los hombres de clase alta llevaban sombrero de copa.

Zonas de sol

El cuadro de Renoir parece brillar en algunas zonas debido a la luz solar que se filtra entre las ramas de los árboles. El artista logró captar el detalle de los reflejos del sol que cambian con la brisa, como los que plasmó sobre esta chaqueta oscura.

1880 ▸ 1890

El hombre alado

1880

Símbolos misteriosos

El artista francés Odilon Redon formaba parte del simbolismo, que usaba asociaciones de imágenes que a menudo solo tenían sentido para ellos. La obra de Redon, como este hombre alado, es a la vez tan inquietante como onírica.

1881

Sello oficial

Este sello de marfil chino se utilizaba para certificar papeles, arte o cualquier objeto que requiriera un sello o firma. Los diferentes textos e imágenes delicadamente tallados en cada uno de los seis lados son una obra de arte en sí mismos.

Esta cara muestra a un hombre en un paisaje con bambú.

Sello de seis caras

1880

El pensador

1880

Reflexión

El francés Auguste Rodin fue el primer escultor realmente modernista. Este movimiento artístico buscaba reflejar la nueva sociedad industrializada a través de la introducción de diferentes temas, y el uso de distintos materiales y técnicas. La obra más famosa de Rodin, *El pensador*, fue un cambio radical respecto a las habituales esculturas heroicas de reyes y generales. Robusta y expresiva, está fundida en bronce.

1882

Revivir antiguas tradiciones

Pájaro y sauce en la nieve, del artista japonés Shibata Zeshin, es una pintura Nihonga del período Meiji de Japón. Mientras los artistas más jóvenes aprendían las técnicas occidentales, los pintores Nihonga regresaron a los elementos tradicionales propios del arte japonés, como la asimetría y la simplicidad.

Pájaro y sauce en la nieve

1841-1895   BERTHE MORISOT

La pintora francesa Berthe Morisot formó parte destacada del movimiento impresionista. En una época en la que aún había muy pocas mujeres artistas, su familia le permitió estudiar formalmente. En sus obras más conocidas, esta pintora representa, con colores vivos, escenas intimistas de mujeres y niños en el hogar, temas rara vez tratados por artistas masculinos.

Posando al piano

Lucie Léon al Piano (1892) muestra el uso de Morisot de la pincelada suelta. El estilo impresionista es muy adecuado para captar la suave textura del cabello, del vestido de la niña y de las delicadas flores que hay sobre el piano.

Los girasoles

1888

Texturas innovadoras

El artista neerlandés Vincent Van Gogh pintó varias versiones de *Los girasoles*. En esta serie no solo muestra su amor por los colores vivos, sino también el uso de la técnica conocida como *impasto*, en la que se aplican gruesas capas de pintura para conseguir diversas texturas.

1885 ● ● **1890** ▸▸

Vistos a distancia, los puntos amarillos y azules cercanos se combinan para producir un tercer color: el verde.

Tarde de domingo en la isla de la Gran Jatte

1884-1886

Puntos diminutos

El artista francés Georges Seurat pintó sus obras utilizando millones de pequeños puntos de color para crear una especie de ilusión óptica. Este nuevo estilo, inventado por él, se conoce como puntillismo. Los cuadros reflejan cómo el autor pensaba que el ojo percibía los colores: los puntos de diferentes colores se combinan cuando se ven de lejos.

Bodegones

Un cuadro que muestra alimentos u objetos como jarrones o flores, generalmente sobre una mesa, se conoce como un bodegón o una naturaleza muerta. Aunque este tipo de pinturas ya existía en el antiguo Egipto, no se convirtió en un estilo pictórico hasta el siglo XVI. Los bodegones ofrecen mucha libertad a los autores, porque permiten elegir los objetos representados y experimentar con diferentes técnicas. Son también una gran oportunidad para mostrar sus distintas capacidades artísticas.

Ofrendas funerarias, c. 1400-1342 a. C.

Esta pintura de una tumba egipcia de 3500 años de antigüedad muestra cereales, peces y cuencos de fruta. Los antiguos egipcios creían que, al morir, viajaban al más allá y pintaron en sus tumbas todo lo que necesitarían en el otro mundo.

Nueva perspectiva, 1893

En *Cesto de manzanas*, del artista francés Paul Cézanne, algunas de las frutas parecen estar a punto de caerse de la mesa. Este autor experimentaba pintando objetos como si los viera desde distintos ángulos a la vez, para mostrarlos en tres dimensiones. Esto también explicaría por qué los bordes de la mesa no están alineados.

Los reflejos de la luz en la jarra de peltre están hábilmente captados.

Las aceitunas están en un valioso recipiente de porcelana china.

Festín extravagante, 1627

En *Naturaleza muerta con pastel de pavo real*, el pintor neerlandés Pieter Claesz muestra una mesa con exquisitos manjares importados. Cada producto, desde la irregular cáscara de limón hasta el brillante metal, revela la habilidad del artista para representar diferentes texturas.

La pintura está aplicada de forma libre y rápida.

Maestro del engaño, 1915

El artista cubista español Juan Gris jugaba con los cuadrados. En *Naturaleza muerta con mantel a cuadros* muestra una mesa con tazas, botellas e incluso una guitarra. ¿O no? Los objetos están dispuestos de tal manera que también forman la cabeza de un toro.

Flores tristes, 1918

Ernst Ludwig Kirchner, uno de los principales miembros del movimiento expresionista alemán, utilizaba colores intensos y pinceladas gruesas para expresar su emoción. El fondo oscuro de *Rosas rosadas* resalta las flores, pero también da una sensación de tristeza al cuadro, sugiriendo que su belleza es efímera.

Mesa suntuosa, 1920

El artista francés Raoul Dufy decía que «lo que deseo mostrar cuando pinto es la manera en que veo las cosas con mis ojos y mi corazón». Este bodegón muestra una mesa llena de comida y bebida. Los cuencos y los objetos de cristal reflejan su interés por el cubismo, mientras que los ricos colores (especialmente su favorito, el azul) manifiestan la influencia fovista (ver pp. 152-153).

Dulces placeres, 1962

El pintor estadounidense Wayne Thiebaud es conocido por sus coloridas obras de arte que representan los deliciosos dulces con los que creció. *Confections* muestra una hilera de tentadores helados en vasos de diferentes formas. Thiebaud utilizó un cuchillo para extender la pintura y sugerir la textura de la nata.

1890 ▶ 1900

1893

Eco de un grito

El famoso cuadro del artista noruego Edvard Munch *El grito* es un ejemplo del expresionismo, un estilo pictórico que pretendía despertar emociones en el espectador. En este cuadro, una figura esquelética se lleva las manos a la cara mientras lanza un grito estremecedor. El espectador debe imaginarse cuál puede ser el motivo, mientras las líneas onduladas de su grito resuenan en el paisaje.

> **"Ya no pintaré más interiores... Pintaré personas vivas que respiran y sienten y sufren y aman."**
>
> Edvard Munch, 1863-1944

El grito

1890 ● ● 1895

1890

Vida rural

El pintor francés Paul Gauguin se sentía atraído por la gente que vivía en el campo, lejos del ajetreo de la ciudad. Usa bandas de color y formas simplificadas para representar esta escena rural de la Bretaña francesa. Algunas partes de la obra casi parecen vidrieras.

Pajares en Bretaña

Mont Sainte-Victoire

1892-1895

Retazos de colores

El movimiento artístico que siguió al impresionismo fue el posimpresionismo, en el que los artistas exploraron diferentes estilos. El pintor francés Paul Cézanne había pintado esta montaña muchas veces y trataba de simplificar lo que veía. En esta versión, utilizó varios bloques de color, como los de una colcha formada por trozos de tela, para representar la montaña. Combinó grises y marrones muy reales con rosas, naranjas y verdes.

c. 1890-1910 MODERNISMO

En la década de 1890 surgió el movimiento Art Nouveau, en el que los artistas usaban formas ondulantes y asimétricas inspiradas en la naturaleza y en las líneas sencillas de las estampas japonesas (ver p. 103). También se usó este estilo en carteles, ilustraciones y anuncios de revistas, por lo que muchos se preguntaron si estos objetos debían considerarse creaciones artísticas serias.

Cartel llamativo

El artista checo Alphonse Mucha era conocido por sus carteles de teatro. Este, de 1908, anuncia una obra de la actriz de teatro y cine mudo Leslie Carter. Mucha exalta la naturaleza a través de los delicados diseños y las amplias curvas del estilo Art Nouveau.

Los pliegues de la tela imitan los pétalos de las flores.

Líneas fluidas

La influencia de Japón es evidente en las delicadas líneas de *La falda del pavo real* (1894) del artista británico Aubrey Beardsley. Este ágil dibujo de estilo Art Nouveau es uno de los 16 realizados para ilustrar la primera edición inglesa de *Salomé*, una obra de teatro del escritor irlandés Oscar Wilde.

Largas plumas de pavo real se deslizan por la página.

1900

La pálida luz de la luna se suma a la naturaleza irreal de la escena.

La gitana dormida

1800

Hogar seguro

El pueblo sentani de Papúa, Indonesia, vive en aldeas construidas sobre las aguas del lago Sentani, utilizando postes de madera para sostener sus casas. En el siglo XIX, la parte superior de los postes que sostenían la casa del jefe tenía tallas como esta de una madre y su hijo. El tema evoca sentimientos de hogar, familia y seguridad.

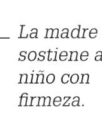

La madre sostiene al niño con firmeza.

1897

Peligro silencioso

Los pintores simbolistas, como el artista francés Henri Rousseau, hicieron obras llenas de misterio y fantasía. Cuando el león olfatea la figura que duerme en *La gitana dormida*, se genera una sensación de peligro. La naturaleza onírica de este paisaje inmóvil hace que el espectador se pregunte si el león es real o producto de la imaginación de la gitana.

Poste de madera tallada de una madre y su hijo

1900-presente

A principios del siglo XX, muchos artistas se alejaron de los cánones artísticos anteriores, de forma que a veces incluso los espectadores se escandalizaban. Comenzaron a crear obras más osadas, a menudo utilizando nuevos medios, como la fotografía, el *collage* y el cine. Algunos de ellos llegaron a cuestionarse el significado de la palabra «arte», mientras que más tarde otros ampliaron sus límites incorporando la publicidad, o creando instalaciones en que el público podía participar. A lo largo de este período, artistas que habían sido ignorados, como las mujeres, los negros y los indígenas obtuvieron el reconocimiento que merecían desde hacía tiempo.

1900 ▶ 1910

1906
Un estilo osado
En el nuevo estilo artístico llamado fovismo («bestias salvajes» en francés), los artistas utilizaban pequeñas pinceladas de colores vivos para crear imágenes sencillas e intensas. En su retrato del también fovista André Derain, el pintor francés Maurice de Vlaminck usó pinceladas audaces de colores irreales para resaltar los rasgos de su amigo.

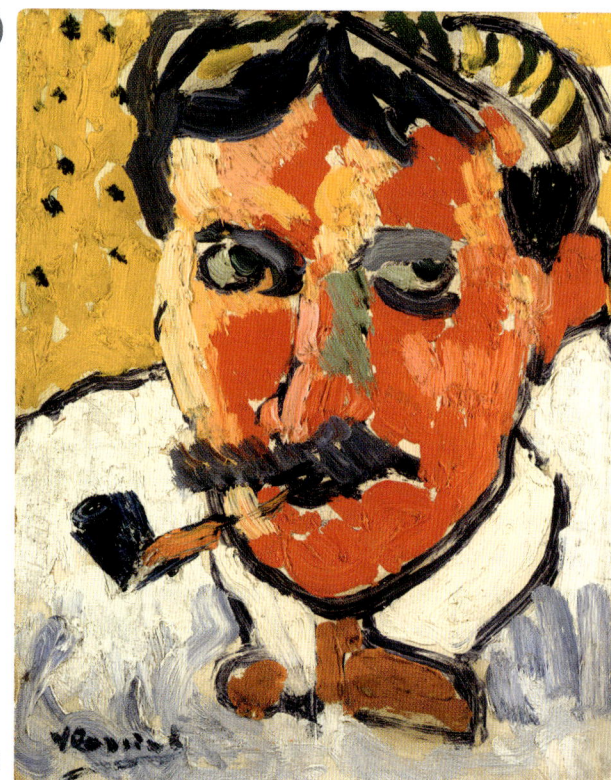

André Derain

Objeto yup'ik

c. 1900
Fiestas en Alaska
Durante los largos inviernos árticos, el pueblo yup'ik de Alaska, Estados Unidos, se reunía en casas ceremoniales para fiestas y bailes. Colgaban del techo figuras de madera pintadas y adornadas con plumas, como este kayak con forma de morsa, para honrar a los animales que habían cazado para la celebración.

1900

1905

1902
¡Luces, cámara, acción!
El invento del cine permitió desarrollar una nueva forma de explorar ideas. El cineasta francés Georges Méliès realizó un cortometraje titulado *Viaje a la Luna* (67 años antes del primer alunizaje), en que usó bonitas escenografías para su aventura espacial. La película fue minuciosamente coloreada a mano.

Fotograma de *Viaje a la Luna*

Pan de oro
El oro, un metal precioso, puede transformarse en finas láminas, llamadas pan de oro. Los artistas lo usan para decorar cuadros u otros objetos. Este proceso se llama batido.

> ❝El arte es una línea alrededor de tus pensamientos.❞
>
> Gustav Klimt, 1862-1918

Pan y frutero en una mesa

1908

Liderar un movimiento

El artista español Pablo Picasso creó, junto con el francés Georges Braque, un nuevo estilo artístico llamado cubismo. Utilizaban formas geométricas angulares en lugar de líneas naturales para mostrar personas u objetos, como en la obra de Picasso *Pan y frutero en una mesa*. El cubismo causó cierto estupor, pero indujo a muchos artistas a experimentar con diferentes formas de representar la realidad.

1881-1962 NATALIA GONCHAROVA

Los primeros cuadros de la artista rusa Natalia Goncharova se inspiraron en la gente de su tierra natal y presentaban escenas que mostraban momentos de la vida rural de los campesinos. Sus principales fuentes fueron el arte popular ruso y los juguetes tradicionales de su país, que le sirvieron para expresar una identidad rusa única. Goncharova también se vio influenciada por el cubismo, un estilo que empleó entre 1910 y 1914.

Escenas vibrantes

En la obra *Jardinería* de Goncharova (1908), un ejemplo del primer modernismo ruso, se ven unas campesinas que están plantando flores.

1907

1910 ▶▶

Hojas caídas

1909

Paisaje cambiante

El artista japonés Hishida Shunso creó un nuevo estilo artístico añadiendo degradados de color pálidos a paisajes sencillos. Así, sus obras parecen brillar, efecto que no se había visto antes en el arte japonés. *Hojas caídas*, realizado en un biombo, recibió el máximo galardón de la Academia de Arte de Japón en 1911.

1907

Pintura dorada

Retrato de Adele Bloch-Bauer está decorado con pan de oro y plata. Su creador, el artista austriaco Gustav Klimt, es famoso por sus pinturas doradas. En esta obra, ha representado a esta acaudalada anfitriona de la alta sociedad y mecenas con un vestido geométrico inspirado en los antiguos mosaicos y objetos egipcio.

Retrato de Adele Bloch-Bauer

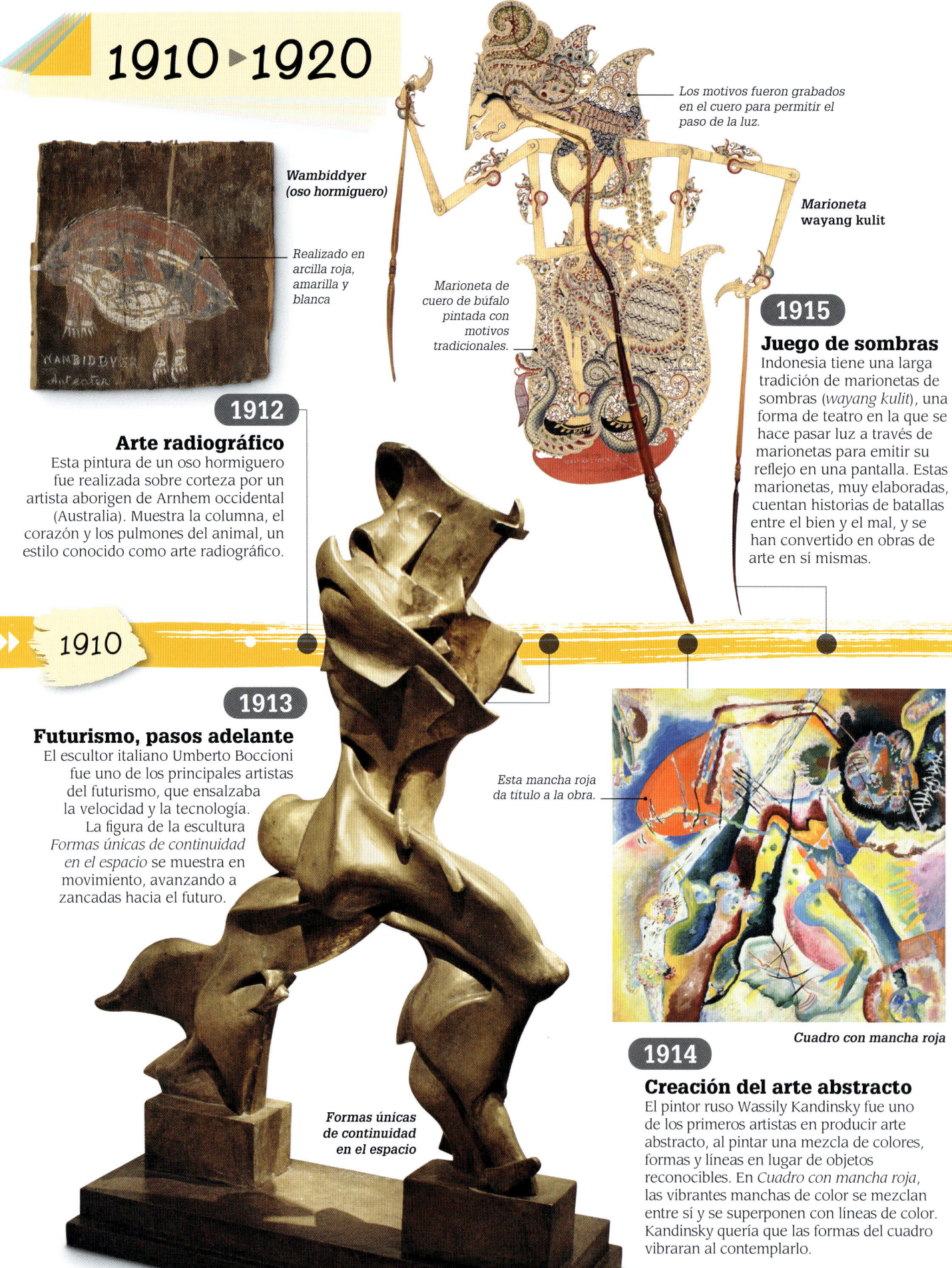

1910 ▶ 1920

1910

**Wambiddyer
(oso hormiguero)**

Realizado en arcilla roja, amarilla y blanca

Los motivos fueron grabados en el cuero para permitir el paso de la luz.

**Marioneta
wayang kulit**

Marioneta de cuero de búfalo pintada con motivos tradicionales.

1912
Arte radiográfico
Esta pintura de un oso hormiguero fue realizada sobre corteza por un artista aborigen de Arnhem occidental (Australia). Muestra la columna, el corazón y los pulmones del animal, un estilo conocido como arte radiográfico.

1915
Juego de sombras
Indonesia tiene una larga tradición de marionetas de sombras (*wayang kulit*), una forma de teatro en la que se hace pasar luz a través de marionetas para emitir su reflejo en una pantalla. Estas marionetas, muy elaboradas, cuentan historias de batallas entre el bien y el mal, y se han convertido en obras de arte en sí mismas.

1913
Futurismo, pasos adelante
El escultor italiano Umberto Boccioni fue uno de los principales artistas del futurismo, que ensalzaba la velocidad y la tecnología. La figura de la escultura *Formas únicas de continuidad en el espacio* se muestra en movimiento, avanzando a zancadas hacia el futuro.

**Formas únicas
de continuidad
en el espacio**

Esta mancha roja da título a la obra.

Cuadro con mancha roja

1914
Creación del arte abstracto
El pintor ruso Wassily Kandinsky fue uno de los primeros artistas en producir arte abstracto, al pintar una mezcla de colores, formas y líneas en lugar de objetos reconocibles. En *Cuadro con mancha roja*, las vibrantes manchas de color se mezclan entre sí y se superponen con líneas de color. Kandinsky quería que las formas del cuadro vibraran al contemplarlo.

"Siempre he intentado explotar la fotografía. La utilizo como el color, o como el poeta utiliza la palabra."

Hannah Höch, 1889-1978

1919

Fotomontaje

La artista alemana Hannah Höch combinó imágenes y titulares recortados de periódicos y revistas para hacer sus obras, en un estilo conocido como fotomontaje. Las imágenes fragmentadas de este ejemplo reflejan hasta qué punto la sociedad estaba confusa y rota tras la Primera Guerra Mundial.

Corte con cuchillo de cocina a través de la barriga cervecera de la República de Weimar

1920

1918

El mundo en guerra

Con la Primera Guerra Mundial, muchos artistas comenzaron a documentar la realidad bélica. En *Excesivo*, el artista británico John Nash se basa en su propia experiencia para mostrar a soldados trepando por trincheras nevadas durante un ataque invernal.

Excesivo

---

c. **1900**   **ENSAMBLAJE**

La técnica de hacer arte a partir de objetos cotidianos o materiales de desecho se conoce como ensamblaje artístico. Algunos artistas unen objetos para formar un *collage* tridimensional (como en la obra *Cabeza de mujer* de Naum Gabo, abajo). Las primeras obras transformaron el mundo del arte de aquel tiempo porque desafiaron las ideas de la gente sobre qué era el arte.

Readymade

Fuente es uno de los «readymades» (objetos encontrados), del artista francés Marcel Duchamp: elementos cotidianos convertidos en arte. El urinario, firmado «R. Mutt» para ocultar la identidad del artista, fue rechazado en 1917 por la Sociedad de Artistas Independientes, que se negó a considerarlo una obra de arte.

Construir arte

A primera vista, puede parecer que *Cabeza de mujer* (1917-1920) del artista ruso Naum Gabo está hecha con las páginas dobladas de un libro, pero es una escultura de plástico y metal.

Combinar realidad y fantasía

Yo y la aldea, 1911, Marc Chagall

El artista de origen ruso Marc Chagall pintó *Yo y la aldea* cuando vivía en París, Francia. Para crear esta escena onírica entremezcla sus recuerdos de infancia en un pueblo ruso, cuentos populares judíos y sus ideas sobre la naturaleza. El uso de formas angulosas y de una paleta de colores inusual reflejan que el artista se inspiró tanto en el cubismo como en el fovismo (ver pp. 152-153).

Ordeñar una cabra

Al recordar la vida diaria de su infancia, Chagall pinta una mujer ordeñando una cabra. La escena simboliza la forma en que los campesinos vivían en armonía con los animales, y recuerda al espectador que la naturaleza es la fuente de la vida.

Árbol de la vida

Una rama florida y repleta de semillas representa el Árbol de la vida, un símbolo de vida y renacimiento. Colocada entre el artista y la cabra, sugiere la necesidad de una relación equilibrada entre humanos, animales y plantas.

Autorretrato

Chagall se pinta a sí mismo de pie frente a una cabra. La conexión entre ambos se ve enfatizada por la delgada línea blanca que el autor ha pintado entre sus ojos y los del animal.

Campesino y músico

Las leyes de la gravedad no son aplicables cuando un campesino que camina cuesta arriba se encuentra con una mujer cabeza abajo tocando un violín invisible. Chagall solía incluir en sus cuadros figuras flotando, dándoles un aire mágico.

Vista de una calle

Esta calle con casas y una iglesia ortodoxa está inspirada en la ciudad natal de Chagall, Vitebsk, en la actual Bielorrusia. Al pintar una cara gigante y edificios invertidos de colores vivos, el artista le confiere un efecto onírico a la escena.

1920 ▶ 1930

Las formas abstractas crean un rostro humano.

1920

Dadaísmo

Como reacción a la pérdida de vidas durante la Primera Guerra Mundial, un grupo de artistas inició un movimiento «antiarte» llamado dadá. Como se ve en esta cabeza dadaísta de madera pintada de la artista suiza Sophie Taeuber-Arp, creaban obras lúdicas con distintos tipos de materiales.

Cabeza dadá

El Carnaval del Arlequín

1924

Pintura imaginativa

El artista español Joan Miró experimentó con la «pintura automática», dando rienda suelta a su subconsciente mientras creaba. Esta técnica produjo resultados sorprendentes y magníficos. En *El Carnaval del Arlequín* muestra animales serpenteantes y gente cantando y bailando.

▶▶ 1920

1922

Paul Klee en la Bauhaus

El artista germano-suizo Paul Klee impartió clases durante 10 años en la escuela de arte Bauhaus en Alemania, una de las primeras en enseñar diseño moderno. Durante este tiempo experimentó con la mezcla de colores. En su acuarela *Tres casas*, combina varios pares de colores, entre ellos el violeta y el verde, para crear un tono gris azulado.

Tres casas

Una mañana de mayo y yo antes del desayuno

1923

Movimiento mavo

Los artistas del movimiento mavo, liderados por el japonés Murayama Tomoyoshi, se rebelaron contra los estilos artísticos tradicionales y se inspiraron en las formas industriales modernas. Un ejemplo es este cuadro de Masamu Yanase, en que el artista ha creado un paisaje urbano en espiral, en que ha rayado líneas y zigzags para añadir textura.

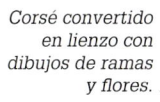

Corsé convertido en lienzo con dibujos de ramas y flores.

Corsé de escayola pintado

1928

Pintora de su país

Uno de los mayores deseos de la artista modernista Tarsila do Amaral era pintar su país natal, Brasil. Sus obras, atrevidas y vibrantes, como *Abaporu*, muestran paisajes con cactus y el sol abrasador del país. En esta obra también se aprecia la influencia del surrealismo, que conoció en un viaje a Europa.

Esta figura distorsionada se inspira en los cuentos infantiles.

Abaporu

1925

Arte sobre escayola

A los 18 años, la artista mexicana Frida Kahlo sufrió un grave accidente de autobús que la dejó postrada en la cama con una lesión en la espalda. Durante su recuperación, descubrió la pintura y comenzó a expresar su dolor a través del arte. Llegó incluso a decorar sus corsés de escayola, convirtiéndolos en obras de arte.

1925 ———————————————————————————————— **1930**

1920-1930 ART DÉCO

Llamado así por la Exposición Internacional de Artes Decorativas e Industriales celebrada en París, Francia, en 1925, el Art déco simbolizaba la elegancia, el lujo y la modernidad. Este estilo artístico combinaba formas elegantes y aerodinámicas, y motivos geométricos. Su influencia alcanzó gran diversidad de áreas, desde el diseño de la moda o la arquitectura hasta el de coches o transatlánticos.

Pintura

Típico del Art déco, este glamuroso autorretrato se creó originalmente para la portada de una revista de 1929. La artista polaca Tamara de Lempicka se retrató como una exitosa mujer moderna, con labios rojos brillantes y largos guantes de cuero para conducir, mientras aceleraba a toda velocidad en un deportivo verde.

El cuadro utiliza colores sofisticados y llamativos.

Autorretrato en un Bugatti verde

Arquitectura

Construido en 1930, el edificio Chrysler en Nueva York, Estados Unidos, fue el edificio más alto del mundo durante un breve tiempo. El diseño en forma de sol y el uso de materiales como el acero inoxidable lo convirtieron en un ejemplo clásico de arquitectura Art déco.

Joyería

La joyería Art déco utilizaba diamantes y piedras preciosas de colores fuertes y contrastados. Los diseños que se creaban con estos conjuntos de piedras estaban inspirados tanto en objetos egipcios como en animales y plantas.

Broche con diamantes, rubíes y esmeraldas.

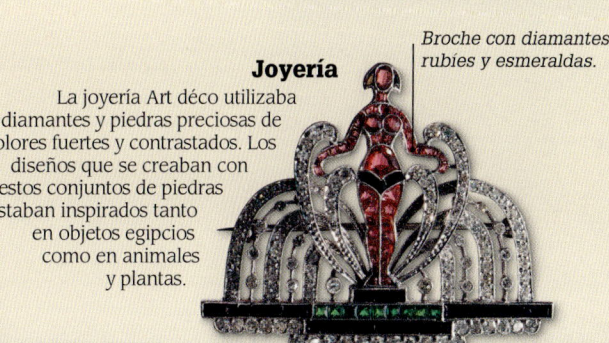

Esculturas humanas

A lo largo de la historia del arte, las estatuas de personas siempre han ejercido una especial fascinación: como humanos que somos, tratamos de imaginar al instante al personaje y su vida. Algunas estatuas humanas representan figuras concretas de la historia o la leyenda; otras nos hacen cuestionar qué es ser un ser humano por la forma y el estilo de su factura. A menudo, los artistas simplifican o exageran partes del cuerpo para crear un efecto específico.

Antiguo escriba, *c.* 2500 a. C.

Esta escultura pintada del antiguo Egipto representa a un escriba (persona que escribía documentos oficiales). Parece alerta, sentado y con la mano derecha como si estuviera dispuesto a escribir. La estatua pudo colocarse en la tumba de un faraón para que le sirviera en la otra vida.

Figura de leyenda, Fecha desconocida

En Sierra Leona y Guinea, se han encontrado estatuillas de piedra *nomoli* como esta. Su propósito original sigue siendo un misterio, pero se cree que pueden haber representado a antiguos reyes, o a personajes de leyenda.

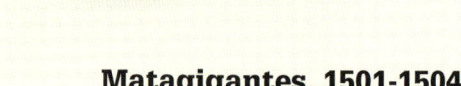

Honda

Matagigantes, 1501-1504

El famoso *David* del artista italiano Miguel Ángel se inspiró en un relato de la Biblia. Armado solo con una honda, está preparado para luchar contra el gigante Goliat. Miguel Ángel estudió cómo funcionan los músculos del cuerpo humano. La imponente figura, de 4,3 m de altura, es muy detallada y realista.

Sonrisa abierta, *c.* 600-800 d. C.

Los escultores de la cultura de Remojadas (actual México) realizaron muchas figuras sonrientes como esta, pero nadie sabe por qué. Con su amplia sonrisa y la lengua fuera, esta estatuilla puede simbolizar el estado de trance alcanzado durante los rituales religiosos.

La expresión de serenidad crea una sensación de equilibrio y belleza.

Curvas doradas, 1913

Señorita Pogany, versión 1, del escultor rumano Constantin Brâncuși, no es un retrato realista. En su lugar, el rostro, los ojos, la nariz y el cabello de la modelo son curvas suaves y estilizadas. Las formas simplificadas y los ojos exagerados sugieren la influencia de las figuras escultóricas budistas y africanas.

La escultura de bronce mide casi 2 m de altura.

Conjunto familiar, 1949-1951

Grupo de familia, del británico Henry Moore, muestra a una madre y un padre sentados en un banco, con su hijo en brazos. La forma de la escultura, con el niño arropado por el cuerpo de los padres, sugiere la protección y la unión de la familia.

Las formas simplificadas indican que este grupo representa a todas las familias.

Hombre delgado, 1960

El artista suizo Alberto Giacometti es famoso por sus estatuas alargadas y delgadas. *Hombre que camina I* anda hacia delante con decisión, pero Giacometti ha alargado tanto los brazos y las piernas que parecen a punto de romperse. Sugiere que el ser humano es a la vez fuerte y frágil.

1930 ▶ 1940

Jimson Weed/White Flower No. 1

Pintar la naturaleza

La artista estadounidense Georgia O'Keeffe es conocida por celebrar en sus cuadros de flores la sencilla belleza de la naturaleza. En esta pintura, O'Keeffe puso el foco en cada detalle de una delicada flor de estramonio, una planta común que crece en terrenos baldíos.

1934

Esculturas lisas

En esta escultura semiabstracta, la artista británica Barbara Hepworth combinó dos piezas separadas de alabastro tallado y pulido. En lugar de realizar un modelo que la ayudara a planificar la pieza, Hepworth talló directamente la piedra, permitiendo que el material moldeara sus ideas. Las formas simplificadas y estilizadas representan a una mujer reclinada con un niño sobre las rodillas.

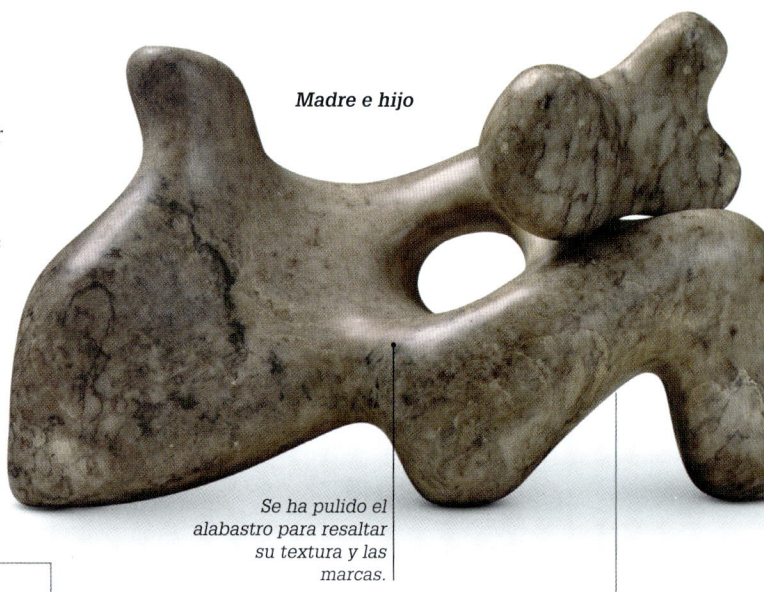

Madre e hijo

Se ha pulido el alabastro para resaltar su textura y las marcas.

1930

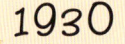

Pese a su simplicidad, Mondrian tardaba meses en terminar sus cuadros. Además, nunca utilizó una regla para trazar las líneas rectas.

1934

Arte indio moderno

Amrita Sher-Gil, una de las artistas modernas más influyentes de la India, es conocida por los colores vivos de sus cuadros, que representan la vida cotidiana de las mujeres. En *Niña de azul*, una joven tiene la mirada fija en el espacio, como si estuviera sumida en sus pensamientos.

Composición en rojo, azul y amarillo

1930

Arte simplificado

El artista neerlandés Piet Mondrian estaba fascinado por la reducción del arte a sus formas más básicas. Como se ve en este cuadro, dejó de mezclar las pinturas y en su lugar utilizó bloques de colores primarios y líneas negras gruesas. A este estilo de arte abstracto lo llamó neoplasticismo.

Niña de azul

1924-1966   SURREALISMO

Algunos artistas de principios del siglo xx se interesaron por los recientes avances de la psicología, que sugerían que los sueños tenían significados especiales. El arte surrealista exploró la relación entre la realidad y los sueños. Los artistas dejaron libre su imaginación y se inspiraron en objetos cotidianos, a menudo añadiendo algún elemento sorpresa a sus obras.

Curioso crustáceo
La obra del artista español Salvador Dalí *Teléfono langosta* (1936) es un ejemplo clásico de objeto surrealista La inesperada combinación de la langosta y el teléfono resulta a la vez divertida e inquietante, como algo sacado de un extraño sueño.

La terraza de Vernonnet

1939

Paleta de colores
El pintor francés Pierre Bonnard estaba fascinado por los colores. *La terraza de Vernonnet* muestra a un grupo de personas disfrutando de comida y bebida en una soleada terraza. Bonnard utilizó intensas manchas de color para fusionar las figuras y el jardín.

1935   1940

1936

Madre migrante
La fotografía se convirtió en una gran forma de contar noticias. La fotoperiodista estadounidense Dorothea Lange tomó esta foto de unos niños aferrados a su madre en un campo para trabajadores inmigrantes en California, Estados Unidos. Se convirtió en símbolo de las penurias de la Gran Depresión.

La influencia del cubismo se observa en las formas sencillas del fondo.

1936

Vida en Harlem
Para documentar los años que condujeron al Movimiento por los derechos civiles en Estados Unidos, el pintor Norman Lewis puso del foco en la vida y la lucha de la comunidad negra de Harlem, Nueva York. El cuadro *Muchacha con sombrero amarillo* está pintado sobre tela de arpillera, creando una textura que contrasta con la ropa fina y elegante de la joven, sentada sola, ensimismada en sus propios pensamientos.

Muchacha con sombrero amarillo

Despacho en una pequeña ciudad

Paseo por la playa

La artista surrealista española Maruja Mallo estaba fascinada por el mar y la playa. En su cuadro *Naturaleza viva II*, los tonos azul, rojo y rosa contrastan con los colores pálidos de las conchas en una celebración de la naturaleza.

Naturaleza viva II

1953

En soledad

El artista estadounidense Edward Hopper es famoso por sus representaciones realistas de escenas urbanas cotidianas, en las que a menudo destaca la soledad a través de figuras solitarias. *Despacho en una pequeña ciudad* muestra a un hombre sentado en la esquina de una oficina con vistas a la ciudad.

1940

1950

1946

Héroe popular

Ned Kelly, el forajido que se convirtió en héroe popular, inspiró una serie de 27 cuadros del artista australiano Sidney Nolan. En esta obra, el personaje aparece cabalgando por el desolado interior de Australia con su característico casco cuadrado y su armadura.

Ned Kelly

La obra de Sidney Nolan es famosa por captar el calor y el vacío del vasto paisaje australiano.

Autorretrato

c. 1950

A través del objetivo

Seydou Keïta, uno de los más célebres fotógrafos de África, retrató a la gente de su país natal, Malí, y a la cambiante sociedad de África occidental. En este raro autorretrato posa con una flor y mirando directamente a la cámara.

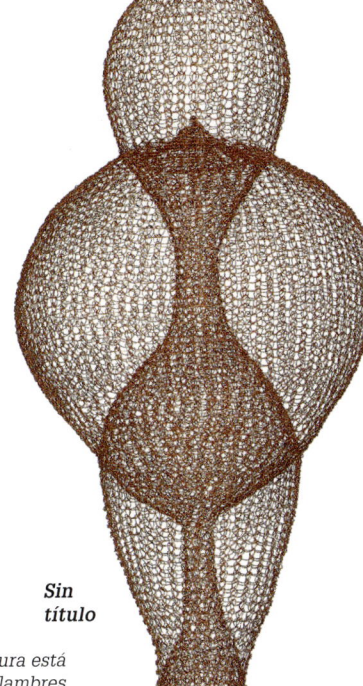

Sin título

Esta escultura está hecha con alambres de latón y acero.

1960

1953-1954

Escultura entretejida

Influenciada por la cestería mexicana, la artista estadounidense de origen japonés Ruth Asawa realizó esculturas colgantes, algunas de más de 3 m de altura, utilizando alambres entrelazados. Las formas orgánicas se asemejan a cuerpos humanos o incluso a telas de araña.

"El arte es hacer. El arte trata directamente de la vida."

Ruth Asawa, 1926-2013

1940-1960   EXPRESIONISMO ABSTRACTO

Hacia 1940, un grupo de pintores estadounidenses de Nueva York, que incluía a Jackson Pollock, Mark Rothko y Willem de Kooning, comenzaron a hacer arte abstracto, pero que también expresaba emociones mediante el uso de pinceladas de colores vivos. Este estilo se conoce como expresionismo abstracto. Su obra puede dividirse en dos grupos: «pintura de acción» (*action painting*) y «pintura de campo de color» (*colour field painting*).

Pintura de acción

Pintado en el suelo del estudio de Jackson Pollock, *Blue Poles* (1952) fue realizado mediante el vertido, el rociado y el goteo de pintura doméstica. Este estilo es un ejemplo de pintura de acción. Pollock bailaba alrededor del lienzo, aplicando espontánea y rítmicamente capa tras capa de pintura.

Pintura de campo de color

Mark Rothko fue un pionero de la pintura de campo de color, que se caracteriza por grandes bloques de colores. En *Centro blanco (Amarillo, rosa y lavanda sobre rosa)* de 1950, el lienzo está dividido en bandas horizontales de color, que parecen flotar sobre el fondo rojo anaranjado.

Campeona de trampolín

La campeona de clavados Helen Crlenkovich aparece dos veces, sumergiéndose con gracia en el horizonte del San Francisco de la época. Grupos de personas a ambos lados, algunas vestidas con traje de baño, observan a Crlenkovich mientras su cuerpo se arquea en el aire.

Antiguo y moderno

En el centro de la escena se encuentra una torre, en parte de piedra y en parte máquina, que simboliza la unión de la vida antigua y la moderna. Se inspiró en la diosa azteca Coatlicue y en una máquina que Rivera había visto en una fábrica de Ford Motors de Estados Unidos.

Arte indígena

En el extremo izquierdo, Rivera celebra la historia cultural de México antes de la colonización española. Los artistas indígenas tallan, tejen y esculpen objetos, y el dios azteca Quetzalcóatl, la Serpiente Emplumada, se enrosca por la escena.

Frida Kahlo

La artista mexicana Frida Kahlo, que también fue esposa de Rivera, está representada con un pincel y una paleta. Aparece vestida con una blusa y una falda de colores, indumentaria tradicional de su herencia mexicana.

Unión de culturas

Unidad Panamericana, 1940, Diego Rivera

Este mural de 22 m de ancho fue pintado por el artista mexicano Diego Rivera para una feria de arte en San Francisco, Estados Unidos. A través de sus cinco paneles, cuenta la historia de América del Norte, desde las culturas indígenas de México hasta los desarrollos tecnológicos de Estados Unidos. En sus detalladas escenas aparecen muchos personajes famosos, incluyendo algunos amigos del pintor. Al mezclar elementos del norte y el sur del continente, Rivera retrata su esperanza en un futuro unido.

Tecnología

Las nuevas máquinas agrícolas y los ferrocarriles modernos son la representación de la industrialización de Estados Unidos. La escena celebra igualmente la contribución de los obreros al progreso social.

Plan inacabado

El amigo de Rivera, el arquitecto estadounidense Timothy Pflueger, sostiene los planos de un edificio. Fue Pflueger quien invitó a Rivera a pintar este mural para una biblioteca, que, desgraciadamente, nunca se construyó.

Un inventor

El estadounidense Samuel Morse, que inventó el telégrafo y el código Morse, aparece sosteniendo una cinta con un mensaje telegráfico. Delante de él, un globo terráqueo muestra el norte y el sur de América, una referencia a la colonización europea de América.

1960 ▶ 1970

Grand
Nucleus

1960-1966

Arte habitable

El artista brasileño Hélio Oiticica quería desafiar la forma en que se experimentaba el arte. Creó obras de arte en 3D llamadas «pinturas habitables» que los espectadores podían recorrer y explorar. En *Grand Nucleus*, Oiticica construyó un laberinto futurista formado por paredes suspendidas en el aire.

Los paneles y espacios rectangulares conforman el laberinto.

1965

Videoarte

El artista estadounidense de origen coreano Nam June Paik es considerado el fundador del videoarte. Basó su obra en aparatos de televisión. En su obra *Magnet TV*, utilizó un imán industrial para interferir la señal de un televisor y crear formas ondulantes en la pantalla.

Al mover el imán cambiaba la imagen de la pantalla.

Las formas abstractas cambiantes son una forma del arte de acción.

Magnet TV

1960 ▶▶ 1970

Hesitate

1964

Alfarería pueblo

Esta figura de un búho se inspira en la larga tradición cerámica de los indígenas zuñi de Nuevo México, Estados Unidos. Con sus distintivas zonas blancas sobre arcilla rojiza, los búhos simbolizan la paciencia y la sabiduría en el arte zuñi, y también son considerados como protectores del hogar.

Búho de cerámica
con un polluelo

1964

Ver para creer

La artista británica Bridget Riley experimentó con pinturas que crean ilusiones ópticas, un estilo conocido como op art (abreviatura de «optical art»). En su obra *Hesitate*, círculos y óvalos monocromos parecen moverse ante los ojos como una ola ondulante.

1950-1960   POP ART

A mediados del siglo XX, el movimiento Pop Art llevó el arte moderno hacia una dirección diferente. En lugar de inspirarse en las obras de los museos, artistas estadounidenses como Andy Warhol, Jasper Johns y Roy Lichtenstein recurrieron a los objetos cotidianos y a la cultura popular, tales como los cómics, la música pop, las películas y las imágenes publicitarias. Rompieron así las barreras existentes entre lo que en la época se consideraba «alto arte» y «bajo arte», y pusieron el arte al alcance de todo el mundo.

Arte y publicidad

Inspirado en imágenes de la televisión, el artista estadounidense Andy Warhol optó por convertir los objetos cotidianos en arte. Reprodujo el contorno de una lata de sopa, como se muestra aquí en *Lata de sopa Campbell (Tomate)* de 1962, y creó una serie completa llamada *Latas de sopa Campbell*. Warhol consideraba que el arte era un negocio y quería que la gente adquiriera sus cuadros de la misma forma en que comprarían latas de sopa en la tienda.

Pinceles

A primera vista, esta obra del artista estadounidense Jasper Johns parece ser una lata de café con unos pinceles, pero en realidad es una escultura de bronce pintada a mano. Johns realizó *Bronze Brushes* en 1960 como parte de una serie que exploraba la frontera entre la pintura y la escultura.

Arte del cómic

Una escena de un cómic inspiró al estadounidense Roy Lichtenstein para pintar *Whaam!* en 1963. Este cuadro de 4 m de ancho lleno de acción debe el título al llamativo rótulo que representa el sonido de un avión de combate al ser derribado por un misil. Lichtenstein utilizó capas de puntos de diferentes colores superpuestos para crear matices de color. Incluso inventó un caballete especial que podía girar, lo que le facilitaba pintar los puntos desde distintos ángulos.

1970 ▸ 1980

Madhubani Bahir

1971

Mirar las estrellas

Kim Whanki dirigió el movimiento de arte abstracto de Corea. Su gran pintura de remolinos *05-IV-71 #200 (Universe)* representa las infinitas estrellas del universo. El artista pintó pequeños rectángulos blancos y los rellenó con puntos azules, utilizando una variedad de tonos azules para crear profundidad. Kim quería que el ojo descansara al mirar las estrellas, al tiempo que creaba el efecto de un cosmos que se extiende hasta el infinito.

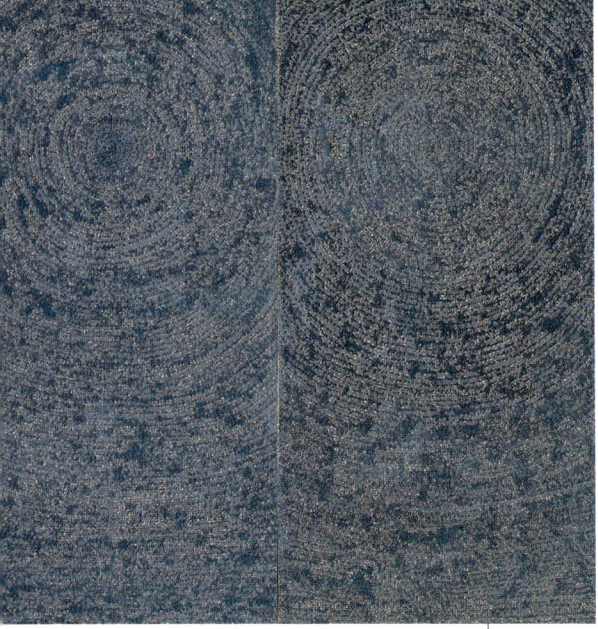
05-IV-71 #200 (Universe)

1972

Coloridas tradiciones populares

Madhubani Bahir es un ejemplo de un vibrante estilo de arte popular llamado madhubani, que se originó en Bihar, India. Esta pintura de artista desconocido muestra una pareja de mujeres a ambos lados de un sol brillante, rodeado de plantas y flores. El arte madhubani es tradicionalmente realizado por mujeres, a menudo utilizando los dedos, palos y plumillas. Antiguamente pintadas sobre paredes de barro, ahora también se realizan sobre tela, lienzo y papel.

1970

1972

Cubrir el paisaje

Christo, nacido en Bulgaria, y Jeanne-Claude, nacida en Marruecos, trabajaron juntos en el campo artístico. Son célebres por sus instalaciones exteriores a gran escala, que incluyen el recubrimiento de grandes edificios con telas. *Valley Courtain* era una cortina de nailon de 381 m de ancho que se colgó a través de una carretera estatal de Colorado (Estados Unidos). Los artistas eligieron un llamativo naranja para que contrastara con el paisaje circundante.

 Valley Curtain *aguantó solo 28 horas antes de ser retirado debido a los fuertes vientos.*

Valley Curtain

Sinjerli Variation II

Figuras con capa

El escultor británico Lynn Chadwick es conocido por sus grandes esculturas de metal, que suelen presentar cuerpos de aspecto humano con cabezas de formas geométricas. En *Pair of Walking Figures - Jubilee*, Chadwick ha creado unas esculturas que parecen estar en movimiento, con sus capas ondulando al viento detrás de ellas.

Pair of Walking Figures - Jubilee

1976

Arte minimalista

El artista estadounidense Frank Stella fue un innovador del minimalismo, un movimiento que vio a los artistas dejar de inspirarse en la vida cotidiana real para centrarse en la exploración de formas, colores y materiales. *Sinjerli Variation II* es un tapiz de lana anudada a mano que muestra bandas de color entrelazadas.

1975

1980

DIBUJOS Y BOCETOS

El dibujo es una de las formas más antiguas de expresar ideas en el arte. Es fundamental para todas las demás, ya que la mayoría de los artistas dibujan sus ideas a lápiz, carboncillo o tinta antes de comenzar sus esculturas o pinturas. Los dibujos o apuntes esquemáticos realizados de forma rápida reciben el nombre de bocetos.

Cuaderno de bocetos

Los cuadernos de bocetos sirven para que los artistas anoten sus ideas, practiquen con diversas imágenes y motivos, y registren sus observaciones sobre el mundo que les rodea. Estas páginas del cuaderno de bocetos de la artista mexicana Frida Kahlo contienen dibujos de mujeres coloreados con tintas vivas y perfiladas con pinceladas de colores brillantes.

El boceto capta la esencia del cuadro original, pero no el detalle.

Estudio de los clásicos

Artistas actuales, como el pintor germano británico Frank Auerbach, estudian y aprenden dibujando las obras de los grandes maestros. Auerbach estaba especialmente cautivado por la obra del pintor italiano Tiziano *Baco y Ariadna* (extremo izquierdo). Su enérgico boceto del dios romano Baco saltando le ayudó a crear sus propias composiciones pictóricas.

Día y noche

Los artistas utilizan diversas técnicas para transmitir la luz y la oscuridad, la luz del sol y de la luna, y el paso de unas a otras. Algunos representan la luminosidad mediante sencillos dibujos que muestran haces de luz o halos. Otros intentan captar lo que perciben en la naturaleza, pintando los colores, las sombras y los efectos atmosféricos tal como los ven y experimentan.

Puesta de sol realista, 1643

El pintor barroco francés Claudio de Lorena es conocido por sus paisajes iluminados por el sol. En *Puesta de sol en un puerto*, matiza sutilmente la gradación del color del cielo, desde el azul hasta el amarillo, para captar el resplandor del sol poniente, y destaca las crestas de las olas iluminadas por la luz mortecina.

Amanecer, 1832

Amanecer en Futamigaura de Utagawa Kunisada es una estampa del período Edo de Japón. Destaca el gran dramatismo y la grandeza del amanecer en un lugar sagrado. Los rayos de sol se abren en abanico como gigantescos reflectores, haciendo que, en comparación, los espectadores junto a las rocas parezcan diminutos.

Sol y Luna, 1913

Contrastes simultáneos, del artista abstracto francés Robert Delaunay, representa el ciclo del día y la noche: una rica explosión de color en torno al sol se adentra en un cielo iluminado por la luna. La forma circular representa el universo, y al mezclar y entrelazar los colores, Delaunay plasma el paso del tiempo.

Del amanecer al atardecer, 1892-1894

El pintor impresionista francés Claude Monet pintó 30 cuadros de la catedral de Rouen, que captan los efectos de la luz en diferentes momentos del día. Hacia el mediodía (izquierda), la piedra de color melocotón bañada por el sol contrasta con las sombras de color azul, pero hacia el atardecer (derecha), la luz y las sombras se difuminan en suaves púrpuras.

Invierno a la luz de la luna, 1869

El artista estadounidense Henry Farrer utiliza pinceladas precisas para aplicar fríos azules y blancos a *Escena invernal a la luz de la luna*, captando el penetrante frío de un paisaje invernal iluminado por la luna. Con las fantasmales siluetas de los árboles y una luz casi tan brillante como la del día, la escena es a la vez sobrecogedora y hermosa.

Caza con antorchas, 1775

El pueblo bhil de la India central y occidental es conocido por sus habilidades cinegéticas. Esta pintura de un artista desconocido muestra cuatro ciervos asustados por el repentino resplandor de la antorcha de un cazador. Su luz contrasta con el fondo azul de medianoche y resalta el ambiente nocturno.

Los ciervos asustados se detienen en su camino, lo que facilita su caza.

El ciprés puede representar el vínculo entre la Tierra y el Cielo.

Pinceladas amarillas rodean la luna para crear su halo.

Estrellas, 1889

La noche estrellada es una de las obras más destacadas del artista neerlandés Vincent Van Gogh. El cielo azul arremolinado y las estrellas blancas y amarillas están pintados con gran sentimiento, utilizando gruesas pinceladas. Es posible que el cuadro refleje los pensamientos del artista sobre la naturaleza, la vida y la muerte.

1980 ▸ 1990

Vida en la calle

El artista negro estadounidense Jean-Michel Basquiat comenzó su carrera como grafitero en las calles de Nueva York. Sus obras se inspiran en la historia de los negros y en las dificultades a las que él mismo se enfrentó. *Six Crimee* es una obra de tres paneles con seis figuras negras con halos rodeados de juegos pintados con tiza.

ARTE CALLEJERO

Los primeros artistas callejeros pintaron imágenes en zonas públicas como forma de protesta. El arte callejero puede ser muy controvertido, ya que algunas personas lo ven como vandalismo y daño a la propiedad pública, mientras que otras lo consideran una forma de acercar el arte al gran público.

Six Crimee

Mural del Muro de Berlín

Construido en 1961, el Muro de Berlín dividía el Berlín Este del Berlín Oeste en Alemania durante la Guerra Fría. Los artistas empezaron a pintarlo en 1984 y en poco tiempo quedó cubierto de imágenes. Este mural de 2009 de la artista danesa Birgit Kirke representa un coche atravesándolo. La matrícula muestra la fecha de la caída del Muro en 1989.

1980

1980

Jardín insólito

La artista francesa Niki de Saint Phalle creó un mundo mágico en el Jardín del Tarot en la Toscana, Italia. El parque artístico está formado por 22 estatuas gigantes fantásticas, como este pájaro multicolor llamado *El Sol*, que está sobre un arco de la entrada.

Mural callejero

Las pinturas de gran formato del artista australiano Fintan Magee llaman la atención hacia edificios aislados o abandonados. A Magee le encargaron esta en 2017 para un festival de arte callejero de Finlandia. El imponente mural, llamado *Balancing Act*, cubre la pared de un edificio de varias plantas, y representa a una joven preparándose para zambullirse, apoyada sobre su padre.

La escultura está recubierta con mosaicos de espejos, vidrio y azulejos de cerámica.

El Sol

"No tiene que ser bonito. Tiene que ser sugestivo."

Duane Hanson, 1925-1996

Las figuras realistas son de fibra de vidrio.

Turistas II

1988
Imitación de la vida

El artista estadounidense Duane Hanson esculpió estatuas humanas tan realistas que se confundían con personas de verdad. Sus obras hiperrealistas, como *Turistas II*, se realizaron a partir de los cuerpos de personas reales y tardaba hasta seis meses en completarlas.

1990

En la habitación de un hotel

1985-1986
Fuera del marco

En lugar de mostrar las cosas de forma realista, el artista británico Howard Hodgkin trató de captar sus recuerdos de hechos y lugares. *En la habitación de un hotel* fue pintado sobre madera con manchas de pintura al óleo de colores vivos, que se prolongan desde el centro del cuadro hasta cubrir el marco.

1931-1998   HENRY MUNYARADZI

El escultor de Zimbabue Henry Munyaradzi fue un destacado miembro del movimiento en favor de la escultura moderna africana conocido como Shona, ya que se inspiró en las tallas del pueblo shona de África del Sur. Munyaradzi conservó las formas originales de las piedras y talló imágenes sencillas inspiradas en la naturaleza y en su propia espiritualidad.

Tallas de piedra

Tallada en esteatita, *Spirit Protecting Orphans* (1996-1998) es una escultura de doble cara con un gran rostro en un lado y figuras más pequeñas en el otro.

1990 ▸ 2000

La artista en su estudio

1993

Contando historias

La artista luso-británica Paula Rego pinta relatos en sus cuadros. En esta obra, representa a una escultora en su estudio sumida en sus pensamientos y fumando en pipa. Mientras, su ayudante pinta un bodegón de coles. Rego ha representado a la artista de un mayor tamaño y más colorida que el resto.

1990

Arte digital

El estadounidense Roman Verostko fue un pionero del «arte algorítmico», realizado a partir de la codificación informática. Creó su propio software para trazar las formas deseadas. Para *Visions of Hildegarde, M*, bolígrafos de tinta sostenidos por dispositivos que seguían su codificación trazaron las líneas de colores brillantes.

Visions of Hildegarde, M

1990 ▸▸ **1995**

1991

Explosión en escena

La artista británica Cornelia Parker es conocida por sus instalaciones que influyen en la forma en que vemos los objetos cotidianos. Esta está realizada con los restos de una caseta de jardín que ha explotado. Los fragmentos cuelgan del techo como si hubieran sido captados en plena explosión, y proyectan sombras dramáticas.

Cold Dark Matter: An Exploded View

1994

Arte cotidiano

Inspirado en el readymade de Marcel Duchamp (ver p. 155), el artista estadounidense Jeff Koons utiliza objetos cotidianos en clave de humor. Con su *Balloon Dog* transforma un objeto familiar de fiesta infantil en una brillante escultura de «arte superior» de gran tamaño. Esta obra forma parte de una serie que reinventa las posesiones de la infancia, incluyendo juguetes y trozos de arcilla para moldear.

Esta escultura de 3,6 m de altura es de acero inoxidable.

Balloon Dog

1997

Recuerdos vibrantes

La artista argelina autodidacta Baya Mahieddine explora en sus cuadros los recuerdos de la infancia y los temas tradicionales africanos. En la acuarela y *gouache Dos mujeres con jarrón sobre un fondo amarillo*, aparecen dos mujeres con vestidos floreados rodeadas de peces y frutas. El cuadro está influido por los coloridos tejidos africanos y los motivos repetitivos del arte islámico.

Dos mujeres con jarrón sobre un fondo amarillo

1910-1996   EMILY KAME KNGWARREYE

La artista indígena australiana Emily Kame Kngwarreye descubrió la pintura a finales de la década de 1970, y pintó más de 3000 lienzos en los ocho años anteriores a su muerte. Trabajaba libremente, superponiendo líneas y puntos para crear composiciones abstractas. La obra de Kngwarreye a menudo explora las historias ancestrales de los aborígenes y los relatos sobre los espíritus de los antepasados, cuadros conocidos como *Dreaming*.

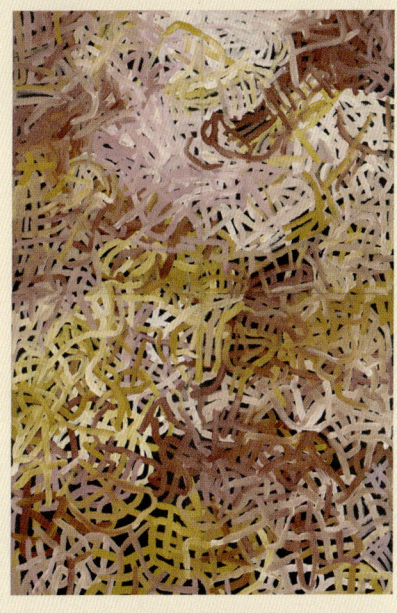

Imágenes de *Dreaming*

La masa de líneas que se arremolina en *Big Yam* (1996) representa las raíces del ñame, y también puede significar los caminos recorridos por los ancestros aborígenes.

2000

Mamá

1999

Poderosa madre

Con más de 9 m de altura, esta monumental araña de acero parece aterradora, pero *Mamá* representa en realidad una figura materna protectora. La artista franco-estadounidense Louise Bourgeois eligió esta criatura porque se inspiró en la habilidad de su madre como tejedora.

¿De qué lado?

Una valla blanca representa la vida ideal de la clase media en los suburbios. Al marcar la puerta como «privada», el artista señala que es una sociedad muy dividida. El espectador se pregunta si la mujer negra ha sido admitida en un lugar privilegiado o si ha sido excluida de otro.

Barandilla

Aquí, la palabra «swan» se refiere a una simple inmersión. Marshall indicó en las barandillas diferentes maneras de zambullirse sugiriendo las distintas formas en que se aborda la historia de los negros: algunos se lanzan de cabeza, mientras que otros se sumergen de forma más elaborada.

Barco transatlántico

Un barco de juguete de colores brillantes avanza por la piscina, creando ondas en el agua. En la piscina aparece el rótulo «Océano Atlántico», lo que sugiere que el barco no es un juguete, sino que representa las naves negreras que llevaban esclavos africanos a América.

Pintar la historia negra

Plunge, 1992, Kerry James Marshall

El artista negro estadounidense Kerry James Marshall representa el maltrato y la exclusión que sufre la población negra en pinturas audaces y coloridas llenas de simbolismos. En *Plunge*, Marshall explora la historia del Pasaje del medio, la ruta del comercio atlántico de esclavos desde África hasta las Américas. El artista sitúa la acción en la piscina del jardín trasero de una casa de los suburbios.

Bañista negra

La mujer que se encuentra en el borde del trampolín parece a punto de zambullirse. Sin embargo, sus brazos entrecruzados sugieren que está nerviosa o se siente insegura. El artista ha utilizado la incertidumbre de la mujer para referirse a cómo algunas personas se acercan a su pasado. Marshall es conocido por pintar figuras solo con pintura negra para enfatizar y resaltar su identidad de color.

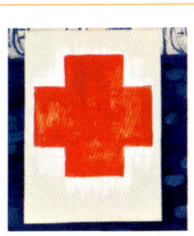

Símbolo en el agua

Una cruz roja flota en el borde. Conocida como símbolo de protección, sugiere peligro, así como la posibilidad de ser rescatado. También representa un lugar de intercambio, donde se compraba o se vendía a las personas esclavizadas.

2000 ▸ 2020

The weather project, 2003

2002

Alcanzar la esperanza

Niña con globo es un mural pintado con espray por el artista callejero británico Banksy. Muy reproducido, la versión original iba acompañada de las palabras «Siempre hay esperanza». ¿La niña se aferra al globo o lo suelta? No lo sabemos.

Niña con globo

2003

Sol artificial

En *The weather Project, 2003*, el artista danés Olafur Eliasson creó la ilusión de un sol gigante reflejando un semicírculo de luz desde un gran techo de espejos. Los visitantes se tumbaban en el suelo para contemplar su brillo.

2000

2010

2010

Ver puntos

Esta escultura floral de 3 m de altura, que forma parte de una serie, combina dos temas constantes en la obra de la artista japonesa Yayoi Kusama: la pasión por la naturaleza y la obsesión por los lunares. Para ella, estos representan la infinitud del universo, del que la Tierra, y todos nosotros, solo somos una pequeña parte.

Flowers that Bloom Tomorrow

ARTE PÚBLICO

Diseñado para ser accesible a todos, el arte público ayuda a dar vida a los espacios comunes y da a las comunidades un sentimiento de orgullo. Las obras de arte pueden ser temporales o permanentes, y adoptar muchas formas: desde esculturas y estatuas hasta espectáculos. Los ejemplos más apreciados suelen ser interactivos.

Cloud Gate, 2004

Situada en un parque público de Chicago, Estados Unidos, esta escultura de acero en forma de judía del artista indo-británico Anish Kapoor refleja y distorsiona el horizonte de la ciudad. Los visitantes pueden atravesar su arco de 3,7 m de altura.

El globo terráqueo como cabeza representa el intercambio cultural entre diferentes naciones.

Apollo of the Belvedere (After Leochares)

2017

Pose clásica

En esta obra, Yinka Shonibare, el artista nigeriano afincado en el Reino Unido, reinventa la escultura clásica del dios griego Apolo. Al incorporar la tela batik africana a una escultura que tiene sus raíces en el arte occidental, explora temas como raza, identidad y colonialismo.

2020

2015

Captar un recuerdo

Esta obra de la artista peruana Sandra Gamarra parece a primera vista un *collage* realizado con fragmentos de imágenes, pero en realidad es una pintura al óleo delicadamente ejecutada. La artista presenta una serie de paisajes peruanos y los mezcla para explorar el proceso de recordar lo que vemos.

Recreación de Retrato de una dama

2020

Arte confinado

Con los museos cerrados por la pandemia de COVID-19, los creadores empezaron a realizar sus obras en casa. El fotógrafo estadounidense Bryan Beasley recreó un retrato del siglo XVII del neerlandés Nicolaes Pickenoy pidiendo a su mujer que posara con un abanico de papel, manguitos de espumillón y un collar de rollos de papel higiénico.

El marco del paisaje II

Three Architects

¿Qué viene ahora?

Nacida en Zanzíbar, la artista británica Lubaina Himid es conocida por sus vibrantes pinturas que recrean la vida y las experiencias de los negros. Muchas de sus obras, especialmente las escenas de la vida cotidiana, son también un comentario sobre la ausencia de negros en el arte. *Three Architects* muestra a tres mujeres negras vestidas con ropas brillantes en un estudio de diseño. Dos de ellas están hablando sobre una maqueta, mientras otra trabaja sola detrás de ellas. El arte de Himid se inspira en el diseño teatral. Este cuadro es como la escena de una obra de teatro, que invita al espectador a entrar en el escenario para explorar las historias que se están desarrollando, así como para preguntarse qué puede ocurrir a continuación.

A través de dos de sus temas favoritos, **la ropa y los edificios**, Himid intenta mostrar que las cosas a menudo se diseñan sin tener en cuenta **las necesidades de las mujeres.**

Glosario

Los términos definidos dentro del mismo glosario aparecen en *cursiva*.

acuarela
Técnica pictórica basada en el uso de colores diluidos en agua. Obra hecha con esta técnica.

Art déco
Estilo artístico de las décadas de 1920 y 1930 con formas geométricas y aerodinámicas.

Art Nouveau
Estilo artístico que comenzó en la década de 1890 con líneas fluidas y motivos curvos estilizados inspirados en las plantas.

arte abstracto
Estilo artístico que utiliza figuras, formas, marcas y colores para representar ideas o emociones, en lugar de mostrarlas de una manera reconocible.

arte folclórico
Arte tradicional realizado a mano para su uso por un artesano o un grupo de personas.

artesano
Persona que trabaja a mano creando arte y artesanía.

barroco
Estilo artístico y arquitectónico grandioso y teatral, popular en el siglo XVII en Europa y América Latina.

bizantino
Relativo a la antigua ciudad de Bizancio (actual Estambul) o al Imperio Romano de Oriente.

boceto
Proyecto o apunte general previo a la ejecución de una obra artística.

bodegón
Composición pictórica que tiene como tema principal flores, frutas, verduras, caza, pesca, objetos domésticos, etc. dispuestos para que un artista los pinte o fotografíe. También se conoce como naturaleza muerta.

bordado
Arte de decorar tela con motivos realizados con aguja y diversas clases de hilos.

busto
Escultura de la parte superior del cuerpo humano.

caligrafía
Escritura decorativa u ornamental.

cerámica
Objetos como vasijas, figuras o azulejos hechos de arcilla.

claroscuro
En pintura, contraste entre luz y sombra.

clásico
Relativo al arte, la arquitectura e ideas culturales de la Antigüedad grecorromana.

collage
Imagen realizada con trozos de papel, tela u otros objetos pegados sobre una superficie.

cubismo
Estilo artístico de la Europa de principios del siglo XX que muestra objetos o personas desde diferentes puntos de vista al mismo tiempo, dividiéndolos en ángulos y fragmentos. Fue creado por los artistas Pablo Picasso y Georges Braque.

díptico
Cuadro que consta de dos paneles o partes.

dorado
Cubierto de oro.

escorzo
Técnica pictórica que muestra a una persona u objeto de forma que da la ilusión de alargarse o proyectarse en un espacio.

Escuela del Río Hudson
Nombre dado a un grupo de artistas estadounidenses del siglo XIX que pintaban y exaltaban la belleza natural de los paisajes de su país, a menudo en el valle del río Hudson, en Nueva York, Estados Unidos.

escultura
Obra de arte creada mediante la talla o el moldeado de materiales como mármol, arcilla o madera en figuras abstractas o realistas.

esfumado
Método de mezclar gradualmente los colores en una pintura para crear contornos borrosos y suaves. Esta técnica fue creada por el pintor italiano Leonardo da Vinci.

esmalte
Sustancia vítrea opaca o transparente que puede aplicarse a una superficie dura para decorarla o protegerla.

estatuilla
Estatua pequeña.

expresionismo
Estilo artístico que trata de los sentimientos y las emociones, a menudo mostrados a través de formas o colores distorsionados.

figurilla
Figura esculpida de pequeño tamaño.

fotoperiodismo
Estilo de periodismo que comunica una noticia mediante la fotografía.

fovismo
Movimiento pictórico de principios del siglo XX, en el que los artistas usaban formas sencillas, pinceladas y colores vibrantes para expresar una emoción salvaje y enérgica.

fresco
Técnica pictórica, generalmente sobre una pared, que emplea una mezcla de pigmentos en polvo y agua sobre yeso húmedo.

friso
Franja ornamental esculpida o pintada en la pared de un edificio o mueble.

gótico
Estilo arquitectónico, pictórico y escultórico de Europa occidental, que floreció entre los siglos XII y XV.

gouache
Pintura soluble en agua que es opaca, por lo que no se ve a través de la superficie blanca del papel.

grabado
Técnica de impresión en la que se realizan incisiones sobre una superficie de metal o madera para impregnarla con tinta y formar una imagen para su reproducción. Ver también *impresión*.

hiperrealismo
Estilo artístico de principios de la década de 1970, en el que los artistas pintaban o esculpían escenas de la vida cotidiana; su arte resulta más vívido que una fotografía.

icono
Imagen religiosa, esculpida o pintada, que suele representar a Jesucristo, a la Virgen María o a santos.

iluminado (manuscrito)
Libro o papel decorado a mano con dibujos muy coloreados y, en ocasiones, con plata u oro.

impresión
Forma de transferir una imagen de una superficie a otra. Las impresiones suelen hacerse con tinta sobre un diseño en relieve o grabado y presionando sobre papel, tela, etc. Ver también *grabado*.

impresionismo
Estilo pictórico que se centra en el color y los efectos cambiantes de la luz. Los artistas impresionistas pintaban a menudo al aire libre e intentaban captar momentos efímeros.

instalación
Género artístico, a menudo de técnica mixta, cuyas obras se exhiben en grandes espacios.

laca
Sustancia resinosa usada en arte para recubrir objetos con el fin de protegerlos y decorarlos.

manierismo
Estilo artístico que se desarrolló entre 1520 y 1600, caracterizado por formas exageradas, escenarios extraños y colores poco naturales.

manuscrito
Libro o documento escrito a mano.

miniatura
Cuadro pequeño, a menudo un *retrato*.

minimalismo
Forma de *arte abstracto* surgido en la década de 1960 que utiliza formas geométricas sencillas basadas en cuadrados y rectángulos.

modernismo
Término amplio para describir creencias, actitudes, arte y arquitectura desde finales del siglo xix y que duró hasta mediados del siglo xx.

monocromo
Objeto o pintura de un solo color.

mosaico
Obra formada por pequeñas piezas, llamadas teselas, generalmente de vidrio, arcilla, loza o piedra.

motivo
Tema o patrón repetido en una obra de arte.

mural
Pintura realizada directamente sobre la pared.

neoclasicismo
Estilo inspirado en el arte y la arquitectura griega y romana. Se popularizó a finales del siglo xviii y en el siglo xix.

netsuke
Accesorio tradicional japonés, a menudo tallado en forma de animal, utilizado con un cordón para colgar una bolsa de un fajín.

paisaje
Pintura o dibujo de una escena de la naturaleza, como montañas, ríos, árboles, etc.

perspectiva
Técnica artística para crear sensación de profundidad o distancia en una pintura, para que los objetos parezcan tridimensionales.

pigmento
Materia colorante que se mezcla con un aglutinante (como goma, aceite o acrílico) y que se usa en pintura.

pintura al óleo
Pintura de secado lento hecha mezclando *pigmentos* con un aceite.

Pop Art
Estilo artístico iniciado a mediados del siglo xx, que se inspiró e imitó la cultura popular.

porcelana
Material cerámico, generalmente blanco, compacto, duro, frágil y traslucido a base de arcilla, que se usa para hacer loza o *cerámica*.

posimpresionismo
Término utilizado para describir el estilo artístico que siguió al *impresionismo,* como reacción a este, llevándolo más allá y, a veces, desafiando sus ideales.

prerrafaelitas
Grupo de pintores británicos del siglo xix. Estaban en contra de la promoción que la Royal Academy of Art de Londres hacía del pintor del *Renacimiento* Rafael como el artista ideal.

proporción
Relación entre los tamaños de los distintos elementos de una obra de arte, por ejemplo, el tamaño de la cabeza de alguien en relación con su cuerpo.

puntillismo
Técnica pictórica desarrollada por Georges Seurat, que utiliza puntos de colores complementarios. Visto a distancia, el ojo mezcla los puntos para crear zonas de color sólido.

readymades
Nombre dado por el artista Marcel Duchamp a obras que consisten en objetos ordinarios, que son presentados como arte.

realismo
Estilo artístico iniciado en la década de 1850, que representa la vida moderna de forma realista utilizando personas y objetos corrientes y cotidianos.

relieve
Escultura integrada en un muro, en que los elementos sobresalen de una base plana.

reliquia
Parte del cuerpo de un santo.

Renacimiento
Movimiento cultural que comenzó en Italia en el siglo xiv, inspirado en los ideales artísticos grecorromanos.

retrato
Pintura, escultura u otro arte que muestra la imagen de una persona o grupo de personas.

Románico
Estilo artístico y arquitectónico que se desarrolló en la Alemania del siglo x y que luego se extendió por toda Europa. El estilo se asemejaba al de la arquitectura romana antigua.

Romanticismo
Movimiento artístico y cultural que se originó en Alemania y el Reino Unido a finales del siglo xviii, en el que los artistas pintaban según un estilo dramático y emocional, mostrando frecuentemente a personas rodeadas de un *paisaje* agreste y tormentoso.

semiabstracto
Obra de arte en que el tema es reconocible aunque las formas siguen el *arte abstracto*.

simbolismo
Uso de símbolos para representar ideas y emociones.

surrealismo
Movimiento artístico que comenzó en Francia en la década de 1920 y que expresaba los pensamientos del inconsciente a través de pinturas y objetos oníricos y confusos.

terracota
Arcilla cocida al horno, generalmente de color marrón rojizo. También se dice de una escultura de pequeño tamaño hecha con esta arcilla endurecida.

tríptico
Pintura distribuida en tres hojas, unidas de modo que las laterales puedan doblarse sobre la del centro.

ukiyo-e
«Pinturas del mundo flotante» o estampa japonesa, es un género de grabados realizados mediante xilografía o técnica de grabado sobre madera, producidos en Japón entre los siglos xvii y xix. Mostraban escenas de la historia, de los cuentos populares y de la vida cotidiana.

vidriado
Capa fina y transparente de barniz vítreo que se extiende sobre una superficie para protegerla, impermeabilizarla y decorarla.

xilografía
Arte de tallar una imagen sobre madera, que luego se entinta y se coloca sobre papel, generalmente en una prensa, para obtener una impresión de dicha imagen.

Agradecimientos

Dorling Kindersley agradece a las siguientes personas su ayuda en la preparación de este libro: Edward Aves, Bipasha Roy, Kelsie Besaw, Arpit Aggarwal, Hina Jain, Sreshtha Bhattacharya, Virien Chopra, Rupa Rao, Kathakali Banerjee y Carron Brown, por su asistencia editorial; Mohammad Rizwan y Jagtar Singh, por su asistencia en la maquetación; Suhita Dharamjit y Saloni Singh, por la cubierta; Dra. Vivian Delgado, Joy Onyejiako, Dra. Caroline Dodds Pennock y Shelley Ware por la comprobación de datos; Hazel Beynon por la revisión; y Carron Brown, por el índice.

Los editores agradecen a los siguientes su permiso para la reproducción de sus fotografías:

(Clave: a: arriba; b: bajo/debajo; c: centro; d: derecha; e: extremo; i: izquierda; s: superior)

1 Bridgeman Images: (c). **2 Bridgeman Images:** Purix Verlag Volker Christen (cdb). **3 Alamy Stock Photo:** Uwe Deffner (c). **Bridgeman Images:** (ci). **© The Metropolitan Museum of Art:** Donación de Robert E. Tod, 1937 (cdb). **Yale University Art Gallery:** The Dr. Walter Angst and Sir Henry Angest Collection (cd). **4 Alamy Stock Photo:** B. Christopher (si). **Bridgeman Images:** 2022 The Andy Warhol Foundation for the Visual Arts, Inc. / Licenciado por DACS, Londres / Photo © Christie's Images (esd); Mondadori Electa (sd). **© The Metropolitan Museum of Art:** The Michael C. Rockefeller Memorial Collection, Legado de Nelson A. Rockefeller, 1979 (bc); Rogers Fund, 1917 (esi). **National Museum of the American Indian, Smithsonian Institution:** (bd). **5 Alamy Stock Photo:** GL Archive (si); Werner Forman Archive / British Museum, Londres / Heritage Images (bd). **Bridgeman Images:** Dirk Bakker (bi). **© The Metropolitan Museum of Art:** Rogers Fund, 1947 (bc). **Cortesía de la National Gallery of Art, Washington:** Chester Dale Collection (sc). **Photo Scala, Florence:** Digital image, The Museum of Modern Art, Nueva York (sd). **6-7 Getty Images / iStock:** rusm (lienzo). **6 Bridgeman Images:** NPL - DeA Picture Library / L. Pedicini (s). **© The Metropolitan Museum of Art:** Rogers Fund y donación de Edward S. Harkness, 1920 (b). **7 Alamy Stock Photo:** Artokoloro (bi); Lanmas (si); © Fine Art Images / Heritage Images (sd); Gainew Gallery (ci); GRANGER - Historical Picture Archive (cd). **8 Alamy Stock Photo:** © Fine Art Images / Heritage Images (bd); Jon Arnold Images Ltd (bi). **Maxime Aubert, Griffith University:** (sc). **Getty Images:** Heritage Images / Hulton Archive (cia). **9 Alamy Stock Photo:** © Fine Art Images / Heritage Images (sd); Peter Horree (ca); Steven David Miller / Nature Picture Library (bd). **Getty Images:** DEA / A. Dagli Orti (si). **10-11 Alamy Stock Photo:** © Fine Art Images / Heritage Images. **12 Alamy Stock Photo:** Historical Views / agefotostock (bi); Zev Radovan / www.BibleLandPictures.com (cdb); Images & Stories (s). **13 Bridgeman Images:** © 2022 Museum of Fine Arts, Boston / Keith McLeod Fund (cb). **Getty Images:** DEA / A. Dagli Orti (si); DEA / A. De Gregorio (cda). **© The Metropolitan Museum of Art:** The Harry G. C. Packard Collection of Asian Art, Donación de Harry G. C. Packard, y adquisición, Fletcher, Rogers, Harris Brisbane Dick, and Louis V. Bell Funds, legado de Joseph Pulitzer y donación de The Annenberg Fund Inc., 1975 (bd). **14 Alamy Stock Photo:** CPA Media Pte Ltd (cdb); Zev Radovan / www.BibleLandPictures.com (sd). **Bridgeman Images:** (bi). **© The Metropolitan Museum of Art:** Rogers Fund, 1947 (cia). **15 Alamy Stock Photo:** Werner Forman Archive / British Museum, Londres / Heritage Images (cdb); IanDagnall Computing (sd). **© The Trustees of the British Museum. Reservados todos los derechos:** (cia). **© The Metropolitan Museum of Art:** Donación de Rogers Fund y Edward S. Harkness, 1920 (b). **16 Getty Images:** Werner Forman / Universal Images Group Editorial (i). **© The Metropolitan Museum of Art:** Donación de George D. Pratt, 1925 (cdb). **16-17 Alamy Stock Photo:** Prisma Archivo (s). **17 Alamy Stock Photo:** Artokoloro (cda); Uwe Deffner (cib). **Shutterstock.com:** Everett Collection (cia). **Washed Ashore Project ©WashedAshore.org:** (bd). **18 Alamy Stock Photo:** Oscar Elias (bi); Gerault Gregory / Hemis.fr (bd). **Dreamstime.com:** Xiaoma (cia, cda). **19 Alamy Stock Photo:** Zoltan Bagosi (si); Lanmas (sd); Zev rad / www.BibleLandPictures.com (b). **20-21 akg-images:** Erich Lessing (c). **20 akg-images:** Erich Lessing (bc, bd). **21 akg-images:** Erich Lessing (cd, si, sd, bi, bc). **22 Alamy Stock Photo:** Artokoloro (cia); World History Archive (sd, cib); Peter Horree (bd). **23 akg-images:** Roland y Sabrina Michaud (si). **Alamy Stock Photo:** andronosh (bd); Art Reserve (ca); GRANGER - Historical Picture Archive (cda); GTW / imageBROKER (bi). **Getty Images:** DEA / G. Nimatallah / De Agostini Editorial (cb). **24-25 Bridgeman Images:** Bridgeman Images (b). **24 Bridgeman Images:** Bridgeman Images (bi, ci, sd). **25 Bridgeman Images:** Bridgeman Images (si, sc, sd). **26 Alamy Stock Photo:** Art Collection 3 (sd); Artokoloro (cia); JIRI / mauritius images GmbH (cb); CPA Media Pte Ltd (bi). **26-27 Bridgeman Images:** NPL - DeA Picture Library / L. Pedicini (b). **27 Alamy Stock Photo:** Leonardo Lazo (si); wayfarer (sd). **28 Alamy Stock Photo:** Gainew Gallery (sd). **Bridgeman Images:** Peter Willi (bd). **© The Trustees of the British Museum. Reservados todos los derechos:** (i). **29 Alamy Stock Photo:** Historical Views / agefotostock (sd); Tuul y Bruno Morandi (ca); Travelwide (bi). **Dreamstime.com:** Florian Blmm (bd). **30 Alamy Stock Photo:** The Picture Art Collection (si). **Bridgeman Images:** Edinburgh University Library / Con permiso de la Universidad de Edimburgo (sd); Museo Estatal Ruso (c). **The Cleveland Museum Of Art:** Leonard C. Hanna, Jr. Fund (bi). **© The Metropolitan Museum of Art:** The Cloisters Collection, 1931 (cda). **30-31 Getty Images / iStock:** rusm. **31 Alamy Stock Photo:** Ivy Close Images (s). **Bridgeman Images:** Dirk Bakker (bi). **The Walters Art Museum, Baltimore:** Donación de John Bourne, 2009 (cdb). **32 akg-images:** Africa Media Online / Iziko Museum (ca). **Alamy Stock Photo:** The History Collection (sd); Ivy Close Images (b). **© The Metropolitan Museum of Art:** Fletcher Fund, 1934 (si). **33 akg-images:** Fototeca Gilardi (cdb). **Alamy Stock Photo:** Album (s). **Getty Images:** Christophel Fine Art (bi). **34 akg-images:** Varsovia, Muzeum Narodowe (cdb). **Alamy Stock Photo:** Matteo Omied (cda). **© The Metropolitan Museum of Art:** Harris Brisbane Dick Fund, 1989 (bi). **35 Alamy Stock Photo:** Sonia Halliday Photo Library (cdb). **Bridgeman Images:** British Library Board (cda). **Dreamstime.com:** Sean Pavone (bi). **© The Metropolitan Museum of Art:** Adquisición, donación de The Dillon Fund, 1977 (si). **36 Alamy Stock Photo:** Prisma Archivo. **37 Alamy Stock Photo:** Prisma Archivo (cda, ci, cd, cb, cib, bd). **38 Alamy Stock Photo:** Granger - Historical Picture Archive (i); The History Collection (sd); Historic Images (cb). **Getty Images / iStock:** LP7 / E+ (bd). **39 Alamy Stock Photo:** Art Collection 2 (cda); The History Collection (cdb). **Bridgeman Images:** Ashmolean Museum (cb); Dirk Bakker (bi). **© The Trustees of the British Museum. Reservados todos los derechos:** (si). **© The Metropolitan Museum of Art:** Donación de Arthur M. Bullowa, 1983 (bd). **40 Alamy Stock Photo:** Zuri Swimmer (bi). **© The Metropolitan Museum of Art:** Adquisición, donación de Lila Acheson Wallace, 2004 (si). **Nelson-Atkins Museum Of Art:** Guanyin of the Southern Sea, China, Liao (907-1125), pintura sobre tabla, 95 66 43 1 / 2 pulgadas (241,3 167,6 110,5 / cm). The Nelson-Atkins Museum of Art, Kansas City, Misuri. Adquisición: William Rockhill Nelson Trust, 34-10. Photo ©The Nelson Gallery Foundation (c). **40-41 akg-images:** picture-alliance (s). **41 Alamy Stock Photo:** M.Brodie (bc); Zev Radovan / www.BibleLandPictures.com (cdb); The Picture Art Collection (bi). **© The Metropolitan Museum of Art:** Donación de J. Pierpont Morgan, 1917 (sd). **42 Bridgeman Images:** (bi). **© The Metropolitan Museum of Art:** Donación de Alexander Smith Cochran, 1913 (d); Fletcher Fund, 1927 (si). **43 © The Metropolitan Museum of Art:** Donación de Christian A. Zabriskie, 1950 (sd). **National Museum of Asian Art, Smithsonian:** Freer Gallery of Art / Adquisición Charles Lang Freer Endowment (cia). **Cortesía de la National Gallery of Art, Washington:** Collection of Mr. and Mrs. Paul Mellon (cib). **Smithsonian American Art Museum:** Donación del Sr. y la Sra. Chaim Gross en honor del Dr. Joshua C. Taylor (bd). **44 Alamy Stock Photo:** Album (bd); The Picture Art Collection (cia). **Getty Images:** Asian Art & Archaeology, Inc. / Martha Avery / Corbis Historical (cda). **45 akg-images:** Africa Media Online (cda). **Alamy Stock Photo:** H. & D. Zielske / Image Professionals GmbH (bi). **Bridgeman Images:** NPL - DeA Picture Library (si); A. Dagli Orti / © NPL - DeA Picture Library (cdb). **46-47 Bridgeman Images:** (s). **46 Bridgeman Images:** (cib, bd). **47 Bridgeman Images:** (cb, bi, bd). **48 Alamy Stock Photo:** Archivah (bc); World History Archive (cia). **Bridgeman Images:** (cdb). **© The Trustees of the British Museum. Reservados todos los derechos:** (cda). **49 Alamy Stock Photo:** Rolf Richardson (cdb); Steve Welsh (bd). **© The Metropolitan Museum of Art:** The Cloisters Collection, 2001 (cia); The Cloisters Collection, 1970 (cda). **The Walters Art Museum, Baltimore:** Donación de John Bourne, 2009 (bi). **50 Alamy Stock Photo:** The History Collection (cia); Vinard Collection (sd). **© The Metropolitan Museum of Art:** The Cloisters Collection, 1931 (bi); The Cloisters Collection, 1947 (bd). **51 Alamy Stock Photo:** Granger - Historical Picture Archive (cib); MET / BOT (bc). **Bridgeman Images:** Museum of Fine Arts, Boston / Fenollosa-Weld Collection (cia); Museo Estatal Ruso (cdb). **© The Metropolitan Museum of Art:** Adquisición, donaciones de Buckeye Trust y Sr. y Sra. Milton F. Rosenthal, legado de Joseph Pulitzer y Harris Brisbane Dick and Rogers Funds, 1981 (sd). **52-53 © The Trustees of the British Museum. Reservados todos los derechos. 54 Bridgeman Images:** Dirk Bakker (cia); Edinburgh University Library / Con permiso de la Universidad de Edimburgo (sd); British Library Board (bd). **Getty Images:** Mondadori Portfolio / Hulton Fine Art Collection (bi). **55 akg-images:** Erich Lessing (cda). **The Cleveland Museum of Art:** Leonard C. Hanna, Jr. Fund (i). **© The Metropolitan Museum of Art:** Donación del Dr. J. C. Burnett, 1957 (bd). **56-57 Getty Images / iStock:** rusm. **56 Alamy Stock Photo:** Werner Forman Archive / British Museum, Londres / Heritage Images (bd); Zuri Swimmer (cia). **Bridgeman Images:** (sd, cd); Fine Art Images (c). **© The Metropolitan Museum of Art:** Rogers Fund, 1913 (i). **57 Alamy Stock Photo:** Granger - Historical Picture Archive (bd). **Bridgeman Images:** (s). **58 Alamy Stock Photo:** Danny Lawson / PA Images (i). **Bridgeman Images:** (cdb). **© The Metropolitan Museum of Art:** Purchase, Friends of Asian Art Gifts, en honor de Myron S. Falk Jr., 1988 (sd). **59 Bridgeman Images:** (sc). **Getty Images / iStock:** Mlenny / E+ (b). **© The Metropolitan Museum of Art:** Donación de Robert E. Tod, 1937 (cia). **60 Alamy Stock Photo:** Lanmas (i). **Bridgeman Images:** (cdb); Luisa Ricciarini (cda). **© The Trustees of the British Museum. Reservados todos los derechos:** (c). **61 Bridgeman Images:** Fine Art Images (cib). **Getty Images:** Pictures from History / Universal Images Group Editorial (s). **National Museum of African Art, Smithsonian Institution . . . National Museum of African Art, Smithsonian Institution:** Donación de Merton Simpson (cdb). **62 Alamy Stock Photo:** Realy Easy Star (sc, sd). **Bridgeman Images:** (cdb). **Dreamstime.com:** Mistervlad (cia). **© The Metropolitan Museum of Art:** Donación de Irma N. Straus, 1960 (bc). **63 123RF.com:** Gino Santa Maria / ginosphotos (ca). **Alamy Stock Photo:** Painting (cia). **Getty Images / iStock:** Romaoslo (cda). **© The Metropolitan Museum Of Art:** The Grinnell Collection, legado de William Milne Grinnell, 1920 (bi). **64 ©Asian Art Museum Of San Francisco:** Copa con inscripciones caligráficas, pobablemente de 1447-1449. Probablemente de Uzbekistán; Samarcanda. Periodo timúrida. (1370-1507). Nefrita. Asian Art Museum of San Francisco, The Avery Brundage Collection, B60J619 (cb). **© The Metropolitan Museum of Art:** Adquisición, donación anónima, 1932 (cia); Purchase, Fletcher Fund, donación de Claudia Quentin y Harris Brisbane Dick Fund, 2018 (bd). **Photo Scala, Florence:** (bi). **65 Bridgeman Images:** Liszt Collection (bc). **Dreamstime.com:** Yuriy Chaban (bi). **© The Metropolitan Museum of Art:** Donación de la familia Oscar L. Tang, 2012 (sc); Donación de Paul y Ruth W. Tishman, 1991 (d). **66-67 Alamy Stock Photo:** Prisma Archivo. **66 Alamy Stock Photo:** Prisma Archivo (sc, cia, cb, bc). **67 Alamy Stock Photo:** Prisma Archivo (ca, cdb, bc). **68 Alamy Stock Photo:** Zuri Swimmer (sd). **The Bodleian Library, University of Oxford:** The Bodleian Libraries, University of Oxford, MS. Aeth. d. 19, fol. 6v (bd). **Bridgeman Images:** (ci, bi). **69 Alamy Stock Photo:** Album (si); Prisma Archivo (ca). **Bridgeman Images:** Raffaello Bencini (b). **© The Metropolitan Museum of Art:** Rogers Fund, 1917 (sd). **70 Alamy Stock Photo:** IanDagnall Computing (si, cia). **Bridgeman Images:** (cdb); Stefano Bianchetti (bi, bc). **70-71 Bridgeman Images:** (s). **71 Bridgeman Images:** Helen Birch Bartlett Memorial Collection (cda, ca). **© Cecilia Paredes:** Nocturne by Cecilia Paredes, Actuación registrada en fotografía. 100 x 100 cm. 2009 (cib). **National Portrait Gallery, Smithsonian Institution:** donación de Raymond L. Ocampo Jr., Sandra Oleksy Ocampo y Robert P. Ocampo / Roger Shimomura (cdb, bc). **72 Alamy Stock Photo:** ICP / incamerastock (cda); V&A Images (bi). **Bridgeman Images:** (cia, bd). **73 Alamy Stock Photo:** The History Collection (bc). **Bridgeman Images:** (s); Dirk Bakker (d). **74 Alamy Stock Photo:** Historic Images (cia). **Bridgeman Images:** (d); Purix Verlag Volker Christen (bi). **75 Alamy Stock Photo:** Werner Forman Archive / British Museum, Londres / Heritage Images (cia). **Bridgeman Images:** Photo Josse (sd); Staatliche Kunstsammlungen Dresden (cib). **© The Metropolitan Museum of Art:** Rogers Fund, 1913 (c). **76 Bridgeman Images:** Ashmolean Museum (bi, bd). **76-77 Bridgeman Images:** Ashmolean Museum. **77 Bridgeman Images:** Ashmolean Museum (sc, cda, bd, bc). **78 Alamy Stock Photo:** Granger - Historical Picture Archive (cdb); Jimlop collection (bi). **© The Metropolitan Museum of Art:** Donación del Sr. y la Sra. Peter Findlay, 1980 (cia); Donación de Jan Mitchell e hijos, en memoria de Ellin Mitchell, 1998 (sd). **79 Bridgeman Images:** (sd, c, ci); Pinacoteca di Brera, Milán (cdb). **Getty Images:** Mondadori Portfolio / Hulton Fine Art Collection (bd). **80-81 Bridgeman Images. 82 Alamy Stock Photo:** The Picture Art Collection. **83 Bridgeman Images:** (cia); Adquirido con fondos de Wendell y Linda Murphy y varios donantes, por intercambio (cib). **Getty Images:** Ali Meyer / Corbis Historical (bd). **© The Metropolitan Museum of Art:** Donación de Eileen Hsu, 1991 (cda); Rogers Fund, 1957 (sc). **84-85 Alamy Stock Photo:** Antiquarian Images. **84 Alamy Stock Photo:** Antiquarian Images (si, sd, cia, cib). **85 Alamy Stock Photo:** Antiquarian Images (cda, cd, bd). **86 Alamy Stock Photo:** Art Collection (cia). **Bridgeman Images:** (b). **© The Metropolitan Museum of Art:** Rogers Fund, 1912 (sc). **87 Bridgeman Images:** (cia, sd). **© The Metropolitan Museum of Art:** Adquisición, Rogers Fund y The Vincent Astor Foundation, Mary Livingston Griggs and Mary Griggs Burke Foundation, and donación de Florence y Herbert Irving, 1992 (cib). **Museum of Fine Arts, Boston:** Photograph © 2022 Museum of Fine Arts, Boston / Royal Bronze-casting Guild (Igun Eronmwon); Nigerian; jinete a caballo (conocido como Horseman); Edo, Benin kingdom, Nigeria, siglo xvi; aleación de cobre; 45,7 x 27,9 cm (18 x 11 pulgadas.); Robert Owen Lehman Collection (bd). **88 Alamy Stock Photo:** Album (sd). **Bridgeman Images:** Brooklyn Museum Costume Collection at The Metropolitan Museum of Art, Donación del Brooklyn Museum, 2009; Donación del Sr. y la Sra. Edward S. Harkness en memoria de su madre, Elizabeth Greenman Stillman, 1931 (cia); Mondadori Electa (b). **Dreamstime.com:** Tanatpon Chaweewat (cd); Vvoevale (ca); Yosimasa (c). **89 Bridgeman Images:** Fine Art Images (cda); Luisa Ricciarini (si). **© The Metropolitan Museum of Art:** Purchase, Friends of Asian Art Gifts, 1993 (bd). **90 Bridgeman Images:** (ci); San Diego Museum of Art (sd); Pictures from History (cd). **© The Metropolitan Museum of Art:** Donación de Florence y Herbert Irving, 2015 (bi); Rogers Fund, 1903 (si); Henry L. Phillips Collection, Legado de Henry L. Phillips, 1939 (c). **91 © The Trustees of the British Museum. Reservados todos los derechos:** (cda). **© The Metropolitan Museum of Art:** Legado de Mrs. Charles Wrightsman, 2019 (s). **92 Bridgeman Images:** Pictures from History (bd); Paul Polydorou (cib). **Courtesy National Gallery of Art, Washington:** Ailsa Mellon Bruce Fund (cda). **Museum Ulm:** Christoph Weickmann Collection, Photo Oleg Kuchar, Ulm (cia). **93 Bridgeman Images:** (si); Luisa Ricciarini (cda). **© The Metropolitan Museum of Art:** Rogers Fund, 1903 (b). **94-95 © The Metropolitan Museum of Art:** Adquisición, Legado de Dorothy Graham Bennett, 1991. **96 Alamy Stock Photo:** Maidun Collection (sd). **Bridgeman Images:** (cda); Royal Collection / Royal Collection Trust © Su Majestad la Reina Isabel II, 2022 (bi). **© The Metropolitan Museum of Art:** Mary Griggs Burke Collection, Donación de la Mary and Jackson Burke Foundation, 2015 (cia). **Rijksmuseum, Ámsterdam:** En préstamo de la Ciudad de Ámsterdam (bd). **97 Alamy Stock Photo:** Artokoloro (ci, cib); Michael Grant Travel (cdb). **Bridgeman Images:** San Diego Museum of Art (cda). **98 Alamy Stock Photo:** Fine Art Images / Heritage Images (bd). **Bridgeman Images:** (sd); Ferens Art Gallery (bc). **99 Alamy Stock Photo:** ART Collection (b). **© The Trustees of the British Museum. Reservados todos los derechos:** (cda). **The Cleveland Museum Of Art:** Adquisición al J. H. Wade Fund 1944.525 (si). **100-101 Bridgeman Images:** Isabella Stewart Gardner Museum. **100 Bridgeman Images:** Isabella Stewart Gardner Museum (s, bi). **101 Bridgeman Images:** Isabella Stewart Gardner Museum (bi, cda, cdb). **102 The Art Institute of Chicago:** Clarence Buckingham Collection (bd). **Bridgeman Images:** Philip Mould Ltd, Londres (cib). **© The Metropolitan Museum of Art:** Adquisición, donación de Cynthia Hazen Polsky, 2000 (cda); Adquisición, donación de Elizabeth S. Ettinghausen, en memoria de Richard Ettinghausen, 2003 (sc). **103 Alamy Stock Photo:** Randy Duchaine (cia, cda). **The Walters Art Museum, Baltimore:** Adquisición del Museum, the W. Alton Jones Foundation Acquisition Fund, 1996, de la Nancy and Robert Nooter Collection (b). **104-105 Bridgeman Images:** British Library Board (bc). **104 Bridgeman Images:** British Library Board (ci, c, bi). **105 Bridgeman Images:** British Library Board (bc). **106 Bridgeman Images:** Christie's Images (cia).

© The Metropolitan Museum of Art: Donación de Florence y Herbert Irving, 2015 (bi). **National Museum of Asian Art, Smithsonian:** Arthur M. Sackler Gallery / Donación de Patricia Lyons Simon Newman (d). **107 Alamy Stock Photo:** steeve. e. flowers. (cda). **Harvard Art Museums:** Rao Raja Bhoj Singh de Bundi mata un león, Harvard Art Museums/Arthur M. Sackler Museum, Donación de Stuart; Cary Welch, Jr., Photo ©President and Fellows of Harvard College, 1999.290 (b). **© The Metropolitan Museum of Art:** Rogers Fund, 1909 (si). **108 Alamy Stock Photo:** The Picture Art Collection (sd). **Bridgeman Images:** SSPL / Science Museum / UIG (bd). **© The Metropolitan Museum of Art:** Wentworth Fund, 1949 (cia); Legado de Mrs. Charles Wrightsman, 2019 (cib). **109 Alamy Stock Photo:** Album (bd); Fine Art Images / Heritage Images (bi). **Bridgeman Images:** Timken Museum of Art, San Diego (cb). **© The Metropolitan Museum of Art:** Fletcher Fund, 1996 (cia); Legado de Charles K. Wilkinson, 1986 (sd). **110 Alamy Stock Photo:** Artepics (cda); The Picture Art Collection (si); Mariano García (cb). **Bridgeman Images:** (cib); Royal Collection Trust © Su Majestad la Reina Isabel II, 2022 (bd). **111 Bridgeman Images:** Jonathan Yeo (bd). **National Museum of African Art, Smithsonian Institution . . . National Museum of African Art, Smithsonian Institution:** © 2016 Njideka Akunyili Crosby / Robert Glowacki, cortesía del artista, Victoria Miro y David Zwirner / © Njideka Akunyili Crosby (cib). **Courtesy National Gallery of Art, Washington:** Chester Dale Collection (sd). **112 Alamy Stock Photo:** Asar Studios (cb). **The Art Institute of Chicago:** Clarence Buckingham Collection (bi). **© The Metropolitan Museum of Art:** Rogers Fund, 1913 (sd); Rogers Fund, 1974 (cia). **113 Alamy Stock Photo:** GL Archive (sd). **Bridgeman Images:** Royal Collection / Royal Collection Trust © Su Majestad la Reina Isabel II, 2022 (cib); Tarker (bd). **© The Trustees of the British Museum. Reservados todos los derechos:** (cia). **114-115 Bridgeman Images:** Derek Bayes. **115 Bridgeman Images:** Derek Bayes (sc, cda, c, bd, bc). **116 Bridgeman Images:** (b); Christie's Images (sd). **© The Metropolitan Museum of Art:** Donación de Lincoln Kirstein, 1953 (cia). **117 Bridgeman Images:** Agnew's, Londres (cdb). **Dreamstime.com:** Chrisat (bc). **Getty Images:** DEA Picture Library / De Agostini Editorial (bi). **© The Metropolitan Museum of Art:** (cda); Henry L. Phillips Collection, Legado de Henry L. Phillips, 1939 (si). **118-119 Getty Images / iStock:** rusm. **118 The Art Institute of Chicago:** Helen Birch Bartlett Memorial Collection (s). **Bridgeman Images:** Museum of Fine Arts, Houston (bi). **119 Bridgeman Images:** (sd); Christie's Images (ci). **Getty Images:** Ruggero Vanni / Corbis Historical (bd). **© The Metropolitan Museum of Art:** Donación de John Stewart Kennedy, 1897 (si). **National Museum of Asian Art, Smithsonian:** Arthur M. Sackler Gallery / The Anne van Biema Collection (c). **120 Alamy Stock Photo:** B Christopher (sd); ICP / incamerastock (bi). **© The Trustees of the British Museum. Reservados todos los derechos:** Coleccionado por Henry Christy; su legado a The British Museum, 1865 (cia). **121 Alamy Stock Photo:** GL Archive (bi). **Architect of the Capitol:** (cia). **Bridgeman Images:** (cdb). **Dreamstime.com:** Mihai Andritoiu (si). **Getty Images:** Ruggero Vanni / Corbis Historical (c). **122 Bridgeman Images:** Detroit Institute of Arts / Adquisición de la ciudad de Detroit (bi). **© The Metropolitan Museum of Art:** Charlotte C. and John C. Weber Collection, Donación de Charlotte C. and John C. Weber, 1994 (si); Donación de R. H. Ellsworth Ltd., en honor de Susan Dillon, 1987 (cd). **123 Bridgeman Images:** si, © ADAGP, París, y DACS, Londres, 2022/© DACS 2022 (sc); Christie's Images (cd). **© Keith Haring Foundation:** Keith Haring artwork © Keith Haring Foundation usado con permiso (bi). **124 Alamy Stock Photo:** Artepics (sd); Fine Art Images / Heritage Images (b). **Bridgeman Images:** (cia). **© The Metropolitan Museum of Art:** Donación de Miss Alice Getty, 1946 (cda). **125 akg-images:** Liszt Collection (bd). **Bridgeman Images:** (sd). **National Museum of the American Indian, Smithsonian Institution:** (cdb). **National Museum of African Art, Smithsonian Institution:** Donación de Allen y Barbara Davis en honor de Bryna Freyer, conservadora (cib). **126 Alamy Stock Photo:** Buyenlarge / Universal Images Group North America LLC (sd). **© The Metropolitan Museum of Art:** Donación de Edgar William y Bernice Chrysler Garbisch, 1970 (bd). **National Museum of Asian Art, Smithsonian:** Arthur M. Sackler Gallery / The Anne van Biema Collection (i). **127 Bridgeman Images:** (sd, cib); Archives Charmet (cia). **Courtesy of Smithsonian. © 2020 Smithsonian:** (b). **128-129 Getty Images:** UniversalImagesGroup. **130 Bridgeman Images:** Museum of Fine Arts, Houston (sd); Photograph © 2022 Museum of Fine Arts, Boston. Reservados todos los derechos. / Donación de Quincy Adams Shaw (bi); Staatliche Kunstsammlungen Dresden (ci). **130-131 Getty Images:** Photo Josse / Leemage / Corbis Historical (cb). **131 Alamy Stock Photo:** photosublime (cdb). **Bridgeman Images:** Dudley P. Allen Fund (cda); David Pearson (bc). **National Museum of Asian Art, Smithsonian:** Freer Gallery of Art / Purchase Charles Lang Freer Endowment (cia). **132 Alamy Stock Photo:** picturelibrary (sd). **© The Metropolitan Museum of Art:** Donación de John Stewart Kennedy, 1897 (b); Donación de la Sra. Henry Morgenthau, 1934 (cia). **133 Alamy Stock Photo:** Sharad Raval (sc). **Bridgeman Images:** Minneapolis Institute of Art / Legado de Louis W. Hill, Jr. (bd). **Getty Images:** Sepia Times / Universal Images Group Editorial (cda). **© The Metropolitan Museum of Art:** Donación de Friends of the Thomas J. Watson Library (cia). **Courtesy of the Smithsonian's National Museum of American History:** Donación de Mr. and Mrs. John Beard Ecker (bi). **134-135 Bridgeman Images:** Manchester Art Gallery. **134 Bridgeman Images:** Manchester Art Gallery (cia, sd, bi). **135 Bridgeman Images:** Manchester Art Gallery (cda, bd). **136 © The Metropolitan Museum of Art:** Legado de Joan Whitney Payson, 1975 (bc). **Courtesy National Gallery of Art, Washington:** Corcoran Collection (Donación de William Wilson Corcoran) (sd). **Cortesía del Smithsonian's National Museum of American History:** Donación del Dr. y la Sra. Arthur M. Greenwood (i). **137 Alamy Stock Photo:** Granger - Historical Picture Archive (cib). **Bridgeman Images:** Institut Gustave Courbet (bc); Museum of Fine Arts, Boston / Legado de John T. Spaulding (bd). **Smithsonian American Art Museum:** Legado de Helen Huntington Hull, nieta de William Brown Dinsmore, quien adquirió la pintura en 1873 para "The Locusts", su residencia familiar en Dutchess County, Nueva York (s). **138-139 Bridgeman Images:** Donación de Norma y Lamar Hunt (s). **138 Bridgeman Images:** Donación de Norma y Lamar Hunt (bi, bc, bd). **139 Bridgeman Images:** Donación de Norma y Lamar Hunt (bi, cda, cdb, bd). **140 Bridgeman Images:** (bi). **© The Metropolitan Museum of Art:** Legado de Mrs. Harry Payne Bingham, 1986 (sd). **National Museum of Asian Art, Smithsonian:** Arthur M. Sackler Gallery / Donación de A. Soudavar en memoria de su madre, Ezzat-Malek Soudavar (cdb); fondos para la adquisición facilitados por Friends of the Freer and Sackler Galleries (ca). **141 Bridgeman Images:** (sd); Whitworth Art Gallery (cib); National Museums Liverpool (bd). **142-143 Bridgeman Images**. **142 Bridgeman Images:** (ci, bi). **143 Bridgeman Images:** (sd, cda, cdb). **144 Bridgeman Images:** (cia). **© The Metropolitan Museum of Art:** The Howard Mansfield Collection, Adquisición, Rogers Fund, 1936 (bd). **National Museum of Asian Art, Smithsonian:** The Dr. Paul Singer Collection of Chinese Art of the Arthur M. Sackler Gallery, Smithsonian Institution; una donación conjunta de Arthur M. Sackler Foundation, Paul Singer, the AMS Foundation for the Arts, Sciences, and Humanities, y Children of Arthur M. Sackler (ca). **Courtesy National Gallery of Art, Washington:** Donación de Mrs. John W. Simpson (bi). **145 Alamy Stock Photo:** Javier Larrea / agefotostock (cia). **The Art Institute of Chicago:** Helen Birch Bartlett Memorial Collection (bd, cib). **Bridgeman Images:** (sd). **146 Alamy Stock Photo:** Alain Guilleux (si). **The Art Institute of Chicago:** Helen Birch Bartlett Memorial Collection (cd). **Bridgeman Images:** Johnny Van Haeften Ltd., Londres (bi). **147 Bridgeman Images:** Christie's Images / © Raoul Dufy, ADAGP, París, y DACS 2022 / © DACS 2022 (bi); Saint Louis Art Museum / Donación del Sr. y la Sra. Joseph Pulitzer Jr. (sd); San Francisco Museum of Modern Art / © Wayne Thiebaud / VAGA at ARS, NY and DACS, Londres, 2022 / © DACS 2022 (bd). **Photo Scala, Florence:** The Metropolitan Museum of Art / Art Resource (si). **148 Alamy Stock Photo:** classicpaintings (sd). **Bridgeman Images:** Barnes Foundation (cdb). **Cortesía de la National Gallery of Art, Washington:** Donación de W. Averell Harriman Foundation en memoria de Marie N. Harriman (bi). **149 Alamy Stock Photo:** ICP / incamerastock (ca). **Bridgeman Images:** (cib); Luisa Ricciarini (cda). **Photo Scala, Florence:** The Metropolitan Museum of Art / Art Resource (bd). **150 Alamy Stock Photo:** Danvis Collection (sc); The Picture Art Collection (si); World History Archive (i). **Bridgeman Images:** Ann & Bury Peerless Archive (cd); Luisa Ricciarini (sd). **150-151 Getty Images / iStock:** rusm (lienzo). **151 Alamy Stock Photo:** IanDagnall Computing (s). **Bridgeman Images:** (bi). **152 Alamy Stock Photo:** AF archive (bi). **Dreamstime.com:** Pressmaster (cdb). **© The Metropolitan Museum of Art:** The Charles and Valerie Diker Collection of Native American Art, Donación de Charles y Valerie Diker, 2019 (cia). **Photo Scala, Florence:** Metropolitan Museum of Art / Art Resource / © DACS 2022 (sd). **153 akg-images:** Ghigo Roli / © ADAGP, París, y DACS, Londres, 2022 / © DACS 2022 (cda). **Alamy Stock Photo:** Matteo Omied (cdb). **Bridgeman Images:** Herederos de Picasso / DACS, Londres 2022 / © Herederos de Picasso / DACS, Londres, 2022 / © DACS 2022 (si); Luisa Ricciarini (bi). **154 Alamy Stock Photo:** Historic Collection (cia); World History Archive (bi); IanDagnall Computing (cdb). **Yale University Art Gallery:** The Dr. Walter Angst and Sir Henry Angest Collection (sd). **155 akg-images:** Hannah Hch / DACS / © DACS 2022 (cia). **Alamy Stock Photo:** Granger - Historical Picture Archive / © Association Marcel Duchamp / ADAGP, París, and DACS, Londres, 2022 / © DACS 2022 (cda). **Bridgeman Images:** Imperial War Museums / © Herederos de John Northcote Nash (bi). **Photo Scala, Florence:** Digital image, The Museum of Modern Art, Nueva York / The Work of Naum Gabo © Nina & Graham Williams / © Tate, Londres 2022 (cdb). **156 Alamy Stock Photo:** Martin Shields / © ADAGP, París, and DACS, Londres, 2022 / © DACS 2022. **157 Alamy Stock Photo:** Martin Shields / © ADAGP, París and DACS, Londres, 2022 / © DACS 2022 (sc, c, cd, cib, bc). **158 Alamy Stock Photo:** The Picture Art Collection (cdb). **Bridgeman Images:** (cia, bi). **Herederos de Miró CB.:** © Herederos de Miró CB / ADAGP, París, y DACS, Londres 2022 / © DACS 2022 (sd). **159 Alamy Stock Photo:** M.Sobreira / © Banco de México Fideicomiso de los Museos Diego Rivera y Frida Kahlo, México, D.F. / DACS, 2022 / © DACS 2022 (si). **Bridgeman Images:** Christie's Images / Con permiso de Tarsila do Amaral (cda). **Getty Images:** DEA / A. Dagli Orti (bd); Lawrence Manning / Stone (bc). **© Tamara de Lempicka Estate, TamaraDeLempickaEstate.com.:** (cdb). **160 Alamy Stock Photo:** Peter Horree (si). **Bridgeman Images:** Luisa Ricciarini (bd). **© The Metropolitan Museum of Art:** The Michael C. Rockefeller Memorial Collection, Legado de Nelson A. Rockefeller, 1979 (bi). **National Museum of African Art, Smithsonian Institution:** (c). **161 Bridgeman Images:** Herederos de Alberto Giacometti (ADAGP, París), licenciado en el Reino Unido por DACS, Londres 2022 / © Herederos de Alberto Giacometti / DACS, 2022 / © DACS 2022 (d); The Henry Moore Foundation / www.henry-moore.org / © The Henry Moore Foundation. Reservados todos los derechos, DACS / www.henry-moore.org, 2022 / © DACS 2022 (bi). **Photo Scala, Florence:** Digital image, The Museum of Modern Art, Nueva York / © Herederos de Brancusi - Reservados todos los derechos. ADAGP, París, and DACS, Londres, 2022 / © DACS 2022 (si). **162 Alamy Stock Photo:** Frederic Soreau / agefotostock / © Georgia O'Keeffe Museum / DACS, 2022 / © DACS 2022 (cia); Danvis Collection (bd). **Bridgeman Images:** Mondrian / Holtzman Trust (cib). **©Tate, Londres 2022:** Barbara Hepworth © Bowness (cda). **163 Alamy Stock Photo:** Everett Collection Inc. (bi); Pako Mera / © Salvador Dalí, Fundació Gala-Salvador Dalí, DACS, 2022 / © DACS 2022 (cia). **Bridgeman Images:** (sd). **© Estate of Norman Lewis, Cortesía de Michael Rosenfeld Gallery LLC, Nueva York:** (bc). **164 Bridgeman Images:** National Gallery of Australia, Canberra (bi). **Image source: VEGAP Image Bank:** © Herederos de Maruja Mallo. DACS, 2022 / © DACS 2022 (cia). **The Jean Pigozzi African Art Collection Ltd.:** Seydou Keta (cdb). **164-165 Photo Scala, Florence:** The Metropolitan Museum of Art / Art Resource / © Herederos de Josephine Hopper / Licenciado por Artists Rights Society (ARS) NY / DACS, Londres 2022 / © DACS 2022 (s). **165 Bridgeman Images:** © 1998 Kate Rothko Prizel & Christopher Rothko ARS, NY, y DACS, Londres, 2022 / © DACS 2022 (cdb); Christie's Images / © ARS, NY, y DACS, Londres, 2022 / © DACS 2022 (i); National Gallery of Australia, Canberra / Adquirido en 1973 / © The Pollock-Krasner Foundation ARS, NY, y DACS, Londres, 2022 / © DACS 2022 (cda). **166-167 Diego Rivera:** Diego Rivera, Unidad Panamericana o Unión de la expresión artística del norte y del sur de este continente, 1940 / © Banco de México Fideicomiso de los Museos Diego Rivera y Frida Kahlo, México, México, D.F. / DACS 2022 / © DACS 2022 (c). **166 Diego Rivera:** Diego Rivera, Unidad Panamericana o Unión de la expresión artística del norte y del sur de este continente, 1940 / © Banco de México Fideicomiso de los Museos Diego Rivera y Frida Kahlo, México, D.F. / DACS 2022 / © DACS 2022 (si, sc, bi, bc). **167 Diego Rivera:** Diego Rivera, Unidad Panamericana o Unión de la expresión artística del norte y del sur de este continente, 1940 / © Banco de México Fideicomiso de los Museos Diego Rivera y Frida Kahlo, México, D.F. / DACS 2022 / © DACS 2022 (sd, bi, bc). **168 Alamy Stock Photo:** World History Archive / © Bridget Riley 2022. Reservados todos los derechos. (bi). **National Museum of the American Indian, Smithsonian Institution:** (cdb). **Photo Scala, Florence:** Digital image Whitney Museum of American Art / © Nam June Paik Estate (sd). **Shutterstock.com:** Jonathan Hordle / permiso en representación de César Oiticica (cia). **169 akg-images:** Erich Lessing / © Herederos de Roy Lichtenstein / DACS, 2022 / © DACS 2022 (b). **Bridgeman Images:** © Jasper Johns / VAGA at ARS, NY, y DACS, Londres, 2022 / © DACS 2022 (sd); 2022 The Andy Warhol Foundation for the Visual Arts, Inc. / Licenciado por DACS, Londres / Photo © Christie's Images / © 2022 The Andy Warhol Foundation for the Visual Arts, Inc. / Licenciado por DACS, Londres, 2022 / © DACS 2022 (ci). **170 Bridgeman Images:** Ann & Bury Peerless Archive (sd). **© Christo and Jeanne-Claude Foundation:** Christo y Jeanne-Claude; Valley Curtain, Rifle, Colorado, 1970-72; Photo: Wolfgang Volz (b). **©Whanki FoundationWhanki Museum:** Kim Whanki, Universe 5-IV-71 #200, 1971, óleo sobre algodón, 254 x 254 cm (cia). **171 Alamy Stock Photo:** Valery Rizzo / Stockimo / © Banco de México Fideicomiso de los Museos Diego Rivera y Frida Kahlo, México, D.F. / DACS, 2022 / © DACS 2022 (cdb). **Bridgeman Images:** (bi); Christie's Images / © Frank Stella. ARS, NY, y DACS, Londres, 2022 / © DACS 2022 (si); Herederos de Lynn Chadwick (cda). **©Tate, Londres 2022:** © The Artist. Cortesía de Marlborough Gallery, Londres / Frank Auerbach (bc). **172 Alamy Stock Photo:** classicpaintings (sd); The Picture Art Collection (cia). **Bridgeman Images:** National Museums & Galleries of Wales (bc). **Photo Scala, Florence:** Photo Fine Art Images / Heritage Images (bi); Digital image, The Museum of Modern Art, Nueva York (cd). **173 © The Metropolitan Museum of Art:** Adquisición, donaciones de Morris K. Jesup Fund, Martha y Barbara Fleischman, y Katherine y Frank Martucci, 1999 (si). **Photo Scala, Florencia:** Digital image, The Museum of Modern Art, Nueva York (b). **The Walters Art Museum, Baltimore:** Donación de John y Berthe Ford, 2000 (cda). **174-175 Alamy Stock Photo:** culliganphoto / © Herederos de Jean-Michel Basquiat / ADAGP, París, y DACS, Londres, 2022 / © DACS 2022 (ca). **174 akg-images:** Eric Vandeville / © Niki de Saint Phalle Charitable Art Foundation / ADAGP, París, y DACS, Londres, 2022 / © DACS 2022 (bd). **Bridgeman Images:** Paule Saviano (cia). **Fintan Scott-Magee, fintanmagee.com:** (bi). **175 akg-images:** © Herederos de Duane Hanson / VAGA at ARS, NY, y DACS, Londres 2022 / © DACS 2022 (cda). **Bridgeman Images:** © Herederos de Howard Hodgkin. Reservados todos los derechos, DACS 2022 / © DACS 2022 (cib); © Indianapolis Museum of Art / Donación de Kirsten Grosz en memoria de su marido, Hanus Grosz / Permiso concedido por Mekias Mike Munyaradzi / Henry Munyaradzi (bd). **176 Bridgeman Images:** Leeds Museums and Galleries, Reino Unido / © Paula Rego (sd). **© DACS / Artimage 2022:** © Reservados todos los derechos, Cornelia Parker, 2022 / © DACS 2022 (bi). **© Jeff Koons:** Jeff Koons, Balloon Dog (azul), 1994-2000 © Jeff Koons (bd). **V&A Images / Victoria and Albert Museum, Londres:** © Roman Verostko (cia). **177 akg-images:** Schtze / Rodemann / © The Easton Foundation / VAGA at ARS, NY, y DACS, Londres, 2022 / © DACS 2022 (b). **Bridgeman Images:** National Gallery of Victoria, Melbourne / Adquirido por la National Gallery Women's Association para conmemorar el mandato del Dr. Timothy Potts, 1998 / © Emily Kame Kngwarreye / Copyright Agency. Licenciado por DACS, 2022 / © DACS 2022 (cda). **Cortesía de Ramzi and Saeda Dalloul Art Foundation:** (cia). **178-179 Bridgeman Images:** Christie's Images / Kerry James Marshall, Plunge, 1992, Técnica mixta sobre lienzo, 87 x 109 pulgadas / © Kerry James Marshall Cortesía del artista y de la Jack Shainman Gallery, Nueva York. **178 Bridgeman Images:** Christie's Images / Kerry James Marshall, Plunge, 1992, Técnica mixta sobre lienzo, 87 x 109 pulgadas / © Kerry James Marshall Cortesía del artista y de la Jack Shainman Gallery, Nueva York (si, cib, bc). **179 Bridgeman Images:** Christie's Images / Kerry James Marshall, Plunge, 1992, Técnica mixta sobre lienzo, 87 x 109 pulgadas / © Kerry James Marshall Cortesía del artista y de la Jack Shainman Gallery, Nueva York (bi, cdb). **180 Bridgeman Images:** Kathy De Witt (cia). **Cortesía del artista, Neugerriemschneider, Berlín; Tanya Bonakdar Gallery, Nueva York / Los Ángeles © Olafur Eliasson:** Photo: Andrew Dunkley & Marcus Leith (sd). **YAYOI KUSAMA:** Flowers that Bloom Tomorrow 2010 Técnica mixta (b). **181 Alamy Stock Photo:** Michael Weber / imageBROKER / © Anish Kapoor. Reservados todos los derechos, DACS, 2022 / © DACS 2022 (cia). **© DACS / Artimage 2022:** © Yinka Shonibare CBE. Reservados todos los derechos, DACS, 2022 / © DACS 2022 (sd). **Sandra Gamarra:** Felipe Brendt (bi). **Bryan Beasley, www.BryanBeasley.com:** (cdb). **182-183 Lubaina Himid:** © Lubaina Himid. The Alfond Collection of Contemporary Art, Rollins Museum of Art, Rollins College. Imagen cortesía del artista y de Hollybush Gardens, Londres. Photo: Gavin Renshaw.

Resto de las imágenes © Dorling Kindersley
Para información adicional ver: **www.dkimages.com**